Tabaksteuer und Steuerstrafrecht

Von

Prof. Dr. Jürgen Weidemann

ERICH SCHMIDT VERLAG

Bibliografische Information der Deutschen Nationalbibliothek
Die Deutsche Nationalbibliothek verzeichnet diese Publikation in der Deutschen Nationalbibliografie; detaillierte bibliografische Daten sind im Internet über http://dnb.d-nb.de abrufbar.

Weitere Informationen zu diesem Titel finden Sie im Internet unter
http://ESV.info/978-3-503-19142-0

Zitiervorschlag:
Weidemann, Tabaksteuer und Steuerstrafrecht

ISBN 978-3-503-19142-0 (gedrucktes Werk)
ISBN 978-3-503-19143-7 (eBook)

Alle Rechte vorbehalten
© Erich Schmidt Verlag GmbH & Co. KG, Berlin 2020

Druck: Hubert & Co., Göttingen

Vorwort

Die Schrift ist aus meiner an der Ruhr-Universität Bochum über Steuerstrafrecht gehaltenen Vorlesungsreihe hervorgegangen, die dieses spezielle Thema naturgemäß im Detail nicht behandeln konnte. Sie ist gleichsam die 3. Auflage des Aufsatzes Tabaksteuerstrafrecht, erschienen in wistra 2012, 1 ff. und 49 ff.

Hinweise auf Fehler und Irrtümer nehme ich gern unter der E-Mail-Adresse *juergen.weidemann@gmx.net* entgegen.

Dortmund, im Dezember 2019   Jürgen Weidemann

Inhaltsverzeichnis

Vorwort 5
Abgekürzt zitierte Literatur 9
A) Einführung: Strafrecht und Steuerrecht 11
    I. Verbrauchsteuerrecht 11
    II. Steuerstrafrecht 12
    III. Vorfragenkompetenz 16
        1. Des Strafgerichts für das Steuerrecht 16
        2. Des Finanzgerichts für das Strafrecht 19

B) Der auszufüllende Straftatbestand: § 370 AO 21
    I. Kein Blankettgesetz 21
    II. Die Struktur des Steuerhinterziehungstatbestands 22
        1. Die Handlungen/Unterlassungen 22
        2. Der Erfolg: Die Steuerverkürzung 23
        3. Steuervorteil 30

C) Das ausfüllende Steuerrecht: Die Tabaksteuer als harmonisierte Verbrauchsteuer 31
    I. Einleitung 31
    II. Die verwaltende Behörde: Der Zoll 35
        1. Historisches 35
        2. Die Generalzolldirektion 37
        3. Das Zollkriminalamt 38
    III. Steuergegenstand 40
    IV. Innerstaatliche Entstehungstatbestände 42
        1. Regelgerechter Entstehungstatbestand 42
        2. Steuerentstehung durch regelwidriges Verhalten 47
        3. Die strafrechtliche Sanktion 52
    V. Tabaksteuer als Verbringungsteuer 52
        1. Der Steuertatbestand: Ein Verbotstatbestand 53
        2. Verbringung und steuerrechtlich freier Verkehr 54
        3. Privater Eigenverbrauch 58
        4. Die strafbewehrte Handlungspflicht: Strafbarkeit nach § 370 Abs. 1 Nr. 2 AO 59
        5. Strafbarkeit des Verbringers nach § 370 Abs. 1 Nr. 3 AO? 62
        6. Konkurrenzen 63
        7. Durchleitung durch mehrere Mitgliedstaaten 64
        8. Verbringung nach Deutschland über einen nicht bekannten Mitgliedstaat 66

VI.	Einfuhrabgaben	68
	1. Zollrecht und Verbrauchsteuerrecht	68
	2. Besonderheiten bei der Entziehung aus der zollamtlichen Überwachung	70
	3. Einfuhrtabaksteuer	73
	4. Zoll nach den Vorschriften der Gemeinschaft: Der Zollkodex der Union	78
VII.	Hinterziehung von Tabaksteuer anderer Mitgliedstaaten	81
	1. Grundsätzliches	81
	2. Beispiel: österreichische Tabaksteuer	83
	3. Tabaksteuer anderer Mitgliedstaaten als Einfuhrabgabe	85
VIII.	Auslandstaaten	86
IX.	Berechnung der verkürzten Steuer	87
	1. Berechnung durch das Gericht	87
	2. Hinterzogene Steuern	88
X.	Die Relation zwischen § 370 AO und § 373 AO	91
	1. Einfache Steuerhinterziehung und Schmuggel	91
	2. Besonders schwere Fälle der Steuerhinterziehung und Schmuggel	93
XI.	Steuerhehlerei in Verbindung mit Tabaksteuerhinterziehung	94
	1. Tatobjekte	95
	2. Absatzhilfe	96
	3. Abgrenzung zur Steuerhinterziehung	97
	4. Versuchsbeginn	97
	5. Konkurrenzen: Steuerhinterziehung nach begangener Steuerhehlerei?	97
XII.	Zusammenfassende Darstellung der Entstehungstatbestände	99
	1. Innerstaatliche Entstehung	99
	2. Innergemeinschaftliches Verbringen	99
	3. Einfuhr aus Drittstaaten	99

D) Besonderheiten der Selbstanzeige ... 101
    I. Erweiterung der Selbstanzeigemöglichkeit infolge der BFH-Rechtsprechung bezüglich des Empfängers? ... 101
    II. Ausdehnung der Nachzahlungspflicht infolge der Erweiterung der Steuerschuldnerschaft? ... 101

E) Ausblick ... 103

Abgekürzt zitierte Literatur

Loseblattkommentare werden nicht nach „Stand", sondern nach der jeweiligen Lieferung zitiert. So können Zitate leichter aufgefunden werden.

Bender/Möller/Retemeyer, Steuerstrafrecht mit Schwerpunkt Zoll- und Verbrauchsteuerstrafrecht, Loseblattkommentar (soweit nur mit „Bender ..." zitiert, handelt es sich um eine ältere Ergänzungslieferung aus der Zeit vor der Bearbeitung durch Möller/Retemeyer)

Bongartz/Schröer/Schallenberg, Verbrauchsteuerrecht, 3. Aufl. 2018, zit.: BSS-Bearbeiter

Ebner, Markus, Verfolgungsverjährung im Steuerstrafrecht, 2015, zit. *Ebner*, Verfolgungsverjährung

Franzen/Gast/Joecks, Steuerstrafrecht, 7. Aufl. 2009

Gaede, Karsten, Der Steuerbetrug, 2016

Gehm, Matthias, H, Kompendium Steuerstrafrecht, 3. Aufl. 2017

Graf/Jäger/Wittig, Wirtschafts- und Steuerstrafrecht, 2. Aufl. 2017

Hübschmann/Hepp/Spitaler, Abgabenordnung, Finanzgerichtsordnung, Loseblattkommentar (zit. HHS-*Bearbeiter*)

Hellmann, Uwe, Das Neben-Strafverfahrensrecht der Abgabenordnung, 1995, zit. *Hellmann*, Nebenstrafverfahren

Hüls/Reichling, Steuerstrafrecht, 2016 (zit. nach *Bearbeiter*)

Jatzke, Harald, Europäisches Verbrauchsteuerrecht, 1. Aufl. 2016

Jatzke, Harald, Das System des deutschen Verbrauchsteuerrechts, 1997 (zit. *Jatzke*, System)

Joecks/Jäger/Randt, Steuerstrafrecht, 8. Aufl. 2015

Klein, Abgabenordnung, 14. Aufl. 2018

Kohlmann, Steuerstrafrecht, mit Ordnungswidrigkeitenrecht und Verfahrensrecht, Loseblattkommentar, zit. Nach Bearbeiter

Kuhlen, Lothar, Grundfragen der strafbaren Steuerhinterziehung, 2012, zit. *Kuhlen*, Grundfragen

Münchener Kommentar zum Strafgesetzbuch, Band 7, Nebenstrafrecht II, 3. Aufl. 2019 (zit. nach *Bearbeiter*)

Rolletschke, Stefan, Steuerstrafrecht, 5. Aufl. 2018

Rolletschke/Kemper, Steuerstrafrecht, Loseblattkommentar

Schmitz, Roland, Unrecht und Zeit, 2001

Tipke/Kruse, Abgabenordnung – Finanzgerichtsordnung, Loseblattkommentar (zit. TK-*Bearbeiter*.)

Witte, Peter, Zollkodex, 6. Aufl. 2013 (zit. Witte-ZK/Bearbeiter); wenn die 5. Aufl. 2009, zitiert wird, ist dies besonders erwähnt

Abgekürzt zitierte Literatur

Witte, Peter, Zollkodex der Union, 7. Aufl. 2018
Witte/Wolffgang, Lehrbuch des Zollrechts der Europäischen Union, 9. Aufl. 2018, zit. Witte/Wolffgang

A) Einführung: Strafrecht und Steuerrecht
I. Verbrauchsteuerrecht

Tabaksteuerstrafrecht ist eine Spezialmaterie des Verbrauchsteuerstrafrechts und dieses wiederum ein besonderes Gebiet des Steuerstrafrechts. Ist dem Nur-Strafrechtler das „normale" Steuerrecht, d. h. das der Landessteuern, häufig terra incognita, gilt dies erst recht für das Verbrauchsteuerrecht: einerseits, weil sich Verbrauchsteuern indirekt erheben, andererseits, weil sie von Behörden verwaltet werden, mit denen der Bürger im Inland weniger zu tun hat als mit den Finanzämtern: den Hauptzollämtern. Dass sich die Tätigkeit der Zollverwaltung auch nach Aufhebung der EU-Binnengrenzen nicht in der Bekämpfung der Schwarzarbeit und der Beschlagnahme von Schlangenhäuten erschöpft, ist vielfach unbekannt. Dabei erfüllt der deutsche Zoll seit jeher Aufgaben im Inland, indem er die (bundesgesetzlich geregelten) Verbrauchsteuern erhebt, ihre Entrichtung überwacht, die Steuerforderungen beitreibt, einschlägige Herstellungsbetriebe wie Brennereien, Brauereien, Zigarettenfabriken kontrolliert, kurzum ein beträchtliches Steueraufkommen sicherstellt. Die Verbrauchsteuern sind in innerstaatlichen Verbrauchsteuergesetzen geregelt, die allerdings, soweit sie harmonisiert sind, d. h. in der gesamten EU erhoben werden, schon bei innerstaatlicher Entstehung von europäischen Richtlinien und Verordnungen überlagert werden. Erst recht gilt dies für die Verbrauchsteuern als Einfuhrabgaben, denn für sie verweisen bereits die innerstaatlichen Verbrauchsteuergesetze auf eine europäische Verordnung, den Zollkodex (ZK), jetzt Zollkodex der Union (UZK). Dabei ist der ZK keineswegs völlig gegenstandslos geworden, denn einzelne Verbrauchsteuervorschriften verweisen *statisch* auf Bestimmungen des ZK. Bei der Regelung der Tabaksteuer verweben sich gleichsam zwei archaische Rechtsgebiete miteinander, einerseits das von langer Tradition geprägte Zollrecht, zum andern das innerstaatliche Tabaksteuerrecht, das sich – vor allem in seinem komplizierten Steuerzeichensystem – nur historisch erklären lässt. Diese Zusammenhänge erschweren nicht nur dem Steuerrechtler, sondern vor allem dem Strafrechtsbeflissenen den Durchblick auf das mit der Tabaksteuer zusammenhängende Strafrecht.

Sie haben es im Verbrauchsteuerrecht nicht mit dem Finanzamt zu tun, sondern mit dem **Hauptzollamt (HZA)**. Verbrauchsteuern sind keine Landessteuern (Besitz- und Verkehrsteuern), die von den Länderfinanzverwaltungen (Finanzämtern) verwaltet werden, sondern zuständig ist die **Zollverwaltung**. Aufbaumäßig entspricht dem Finanzamt das Hauptzollamt, Näheres unter C II. Seitdem ich in einer Anklageschrift einer süddeutschen Staatsanwalt (StA) gelesen habe, der Angeklagte habe sich wegen Steuerhinterziehung strafbar gemacht, indem er die Tabaksteuer nicht gegenüber dem für ihn zuständigen Finanzamt erklärt habe, halte ich diesen Hinweis für notwendig. Auch die Anklage sollte sich in Grundzügen mit der Materie vertraut machen, wenn sie auf dem Gebiet der Verbrauchsteuern arbeitet.

Abgabenbescheide über die vom Bund verwalteten Steuern – also über Verbrauchsteuern und damit **Tabaksteuer** schlechthin, nicht nur über Einfuhrtabaksteuer – erlässt nicht das Finanzamt, sondern das HZA. Gegen diese Bescheide ist wie gegen Landessteuerbescheide der Rechtsbehelf des **Einspruchs** mit anschließender **Klagemöglichkeit** vor dem Finanzgericht (FG) statthaft. Die FGe wie auch der Bundesfinanzhof (BFH) haben jeweils einen **Zollsenat** (das FG ist ein **Obergericht**, steht auf der Stufe eines OLG, hat also keine „Kammern", sondern Senate), der für Zölle und Verbrauchsteuern zuständig ist. Vollstreckt werden kann aus den Abgabenbescheiden der Finanzbehörde. Abgaben können dagegen nicht aus den Strafurteilen vollstreckt werden. Ich halte das für erwähnenswert, weil ich von einem Strafkammervorsitzenden die Ansicht gehört habe, aus dem Strafurteil könne die Finanzverwaltung „vollstrecken". Zutreffend ist natürlich, dass der Rechtsbeflissene (insbesondere der Verteidiger) stets auch die abgabenrechtliche Seite des Falls im Blick haben sollte. Näheres unter **A.III.** bei der Frage der steuerrechtlichen Vorfragenkompetenz.

II. Steuerstrafrecht

Steuerstrafrecht ist Strafrecht, allerdings geprägt durch seinen besonderen Gegenstand: die Steuern. Dementsprechend ist diese Schrift kein Lehrbuch über die Tabaksteuer, sondern sie widmet sich dem Strafrecht und greift auf das Recht der Tabaksteuer nur so weit zurück, wie es das Strafrecht erfordert.

Steuern sind nach § 3 Abs. 1 AO:

> *Geldleistungen, die nicht eine Gegenleistung für eine besondere Leistung darstellen und von einem öffentlich-rechtlichen Gemeinwesen zur **Erzielung von Einnahmen** allen auferlegt werden, bei denen der Tatbestand zutrifft, an den das Gesetz die Leistungspflicht knüpft.*

Die Hinterziehung von Tabaksteuer ist Steuerhinterziehung und erfüllt damit den Straftatbestand des § 370 Abs. 1 AO. Die Tabaksteuer kann entstehen:

- **innerstaatlich**, z. B. durch Herstellung der Tabakware in Deutschland,
- durch **innergemeinschaftliches Verbringen** (also Bewegung der Ware von einem EU-Mitgliedstaat in den anderen),
- durch **Einfuhr**; dann gehört sie zu den Einfuhrabgaben.

Zur **innergemeinschaftlichen Verbringung**: In der Bevölkerung ist die Ansicht verbreitet, dass infolge der Aufhebung der Zollgrenzen die Warenbewegung innerhalb der EU-Staaten unbeschränkt sei. Das ist nicht richtig. Indessen kann es in derartigen Fällen zum **Tatbestandsirrtum** kommen. Zölle und andere Einfuhrabgaben entstehen natürlich nicht, aber es darf längst nicht alles aus anderen Mitgliedstaaten in die Bundesrepublik transportiert werden. Zu den „verbotenen" Waren zählen Tabakwaren. Die Verbringung aus anderen Mitgliedstaaten ist nicht erwünscht, und der § 23 TabStG dient zur Unterstützung dieses „Verbots".

Zur **Einfuhrtabaksteuer** vgl. § 3 Abs. 3 AO:

*Einfuhr- und Ausfuhrabgaben nach Artikel 5 Nummer 20 und 21 des Zollkodex der Union sind **Steuern** im Sinne dieses Gesetzes. ²Zollkodex der Union bezeichnet die Verordnung (EU) Nr. 952/2013 des Europäischen Parlaments und des Rates vom 9. Oktober 2013 zur Festlegung des Zollkodex der Union (ABl. L 269 vom 10.10.2013, S. 1, L 287, S. 90) in der jeweils geltenden Fassung.*

Einfuhrabgaben – und damit Steuern – sind **Zölle** und **Einfuhrumsatzsteuer**, ebenso wie die **Einfuhrtabaksteuer**. Ausfuhrabgaben gibt es zurzeit nicht.

Bei der Definition der **Einfuhr** erkennen Sie die europarechtliche Prägung des Tabaksteuerrechts. Die **Richtlinie 2008/118/EG des Rates** vom 16. Dezember 2008 über das allgemeine Verbrauchsteuersystem und zur Aufhebung der Richtlinie 92/12/EWG (künftig „**Systemrichtlinie**") definiert die Einfuhr in Art. 4 Nr. 8 als Eingang verbrauchsteuerpflichtiger Waren in das **Gebiet der Gemeinschaft**. Folglich müssen die Waren von einem Staat, der nicht EU-Mitglied ist, kommen und die Grenze eines Mitgliedstaats der Union überschreiten. Einfuhr ist also z.B. der Wareneingang von Russland nach Polen. Die Mitgliedstaaten der Union sind verpflichtet, die Systemrichtlinie in innerstaatliches Recht umzusetzen. Deutschland hat dies – wenn auch nicht ganz konform – im Wesentlichen getan. Nur wenn die Systemrichtlinie regelgerecht umgesetzt worden ist, der Mitgliedstaat also einen Steuertatbestand über Einfuhrtabaksteuer erlassen hat, entsteht diese, und zwar als innerstaatliche Steuer dieses Mitgliedstaats. In Polen ist das die „Akzise". Für den deutschen Strafverfolger ist das von Bedeutung, weil nach § 370 Abs. 6 AO auch die Hinterziehung von Einfuhrabgaben und Verbrauchsteuern anderer Mitgliedstaaten umfasst und damit von der Bundesrepublik zu verfolgen ist. Um nicht das ausländische Recht ermitteln zu müssen, helfen sich die Gerichte mit der Einstellung nach § 154 Abs. 2 StPO, wenn es um die Verkürzung fremder Tabaksteuern geht.

Entsprechend der Systemrichtlinie hat Deutschland in § 21 Abs. 1 TabStG einen **Einfuhrtatbestand** für die Tabaksteuer erlassen.

Einfuhr bedeutet nach § 19 Abs. 1 TabStG Eingang von Tabakwaren aus Drittländern oder Drittgebieten in das Steuergebiet. Steuergebiet ist in diesem Zusammenhang das **deutsche**. Nicht jede Bewegung von Tabakwaren über die deutsche Grenze ist Einfuhr, sondern nur dann, wenn die Waren aus Nicht-EU-Staaten kommen. Andernfalls handelt es sich um innergemeinschaftliches Verbringen. Die Einfuhrtabaksteuer ist innerstaatliche Steuer, weil sie innerstaatlich durch das deutsche TabStG geregelt ist

Der BGH weist in grenzenloser Geduld auf den Unterschied zwischen Einfuhr und innerstaatlicher Verbringung hin, weil die Tatgerichte noch immer in die Falle tappen und wegen Schmuggels nach § 373 AO verurteilen, ohne zu prüfen, ob es sich bei den verkürzten Steuern um Einfuhrabgaben handelt.[1]

Der Steuerhinterziehungstatbestand gleicht einem Eisberg. Das oberflächlich Sichtbare erscheint in Gestalt des § 370 Abs. 1 AO, der sich wie andere Straftat-

---

1   Z.B. LG Lübeck, dessen Urteil BGH v. 11.7.2019, 1 StR 620/18, juris, zugrunde liegt.

bestände offenbar überschaubar in Tatverhalten (Nr. 1 bis 3) und Taterfolg (Steuerverkürzung oder -vorteilserlangung) gliedert und den Eindruck hinreichender Konkretisierung erweckt. Durch die Bezugnahme auf „Steuern" in den Merkmalen „Steuerverkürzung" und „steuererheblich" führt der Tatbestand jedoch gleichsam unter der Oberfläche das gesamte Steuerrecht im Schlepp, denn weder das strafrechtlich erhebliche Verhalten noch der Taterfolg in Gestalt der Verkürzung können ohne Rückgriff auf das Steuerrecht festgestellt werden. Tabaksteuer*straf*recht setzt Tabak*steuer*recht voraus, denn der Steuerhinterziehungstatbestand ist nicht mehr als die Schale, die durch das Steuerrecht – und zwar das gesamte, von den Besitz- und Verkehrsteuern über den Zoll bis zu den Verbrauchsteuern – ausgefüllt wird. Strafrechtliche Subsumtion ist ohne das Steuerrecht nicht möglich. Ändert sich dieses, bleibt die Schale doch dieselbe, denn Verkürzung ist stets die Beeinträchtigung des jeweils entstandenen Steueranspruchs, so dass nicht mit jeder Steuerrechtsänderung auch der Straftatbestand angepasst werden muss. § 370 AO trägt also nicht nur das gegenwärtige, sondern auch das zukünftige Steuerrecht in sich. Wer sich mit dem Steuerhinterziehungstatbestand befasst, betreibt zwar Strafrecht, hat sich aber auch mit dessen besonderem Sujet, dem Steuerrecht, hier mit dem Recht der Tabaksteuer, zu befassen. Dabei ist das aus dem Steuerrecht resultierende Strafrecht für sich schon schwierig zu handhaben, weil § 370 AO zwar vorgibt, Tatverhalten und -erfolg strafrechtlich hinreichend zu konkretisieren, aber dieses Ziel schon deshalb nicht erreicht, weil § 370 Abs. 4 Satz 1 AO die in Absatz 1 des Tatbestands mühsam aufgebaute Präzisierung durch den Zusatz des Wortes „namentlich" wieder umstößt.

Indem der Steuertatbestand den Straftatbestand des § 370 AO ausfüllt, wird er dessen Teil und unterliegt strafrechtlicher – nicht abgabenrechtlicher – Auslegung. Die Auslegung nationalen Strafrechts obliegt den Gerichten der Mitgliedstaaten, nicht dem EuGH. Strafgerichte sind daher nicht an die abgabenrechtliche Interpretation europäischer Richtlinien durch den EuGH oder den BFH gebunden, haben vielmehr die alleinige Vorfragenkompetenz für das das Strafrecht ausfüllende Steuerrecht.[2]

---

2   Das kann zu einer gespaltenen Auslegung des Steuerrechts durch Finanz- und Strafgerichte führen, die durch Anrufung des gemeinsamen Senats der obersten Bundesgerichte nicht zu beheben ist. Das Finanzgericht beurteilt den abgabenrechtlichen Anspruch, das Strafgericht dagegen, ob der Steuertatbestand strafrechtlichen Anforderungen genügt. Das sind verschiedene Rechtsfragen, so dass bei unterschiedlichen Auslegungen der Gemeinsame Senat der obersten Bundesgerichte nicht anzurufen ist: Es weicht nicht ein oberstes Bundesgericht „in einer Rechtsfrage" von der Entscheidung eines anderen obersten Bundesgerichts ab. Beispiel: Die Divergenz zwischen BGH und BFH über die Entstehung des Tabaksteueranspruchs bei innergemeinschaftlicher Verbringung. Der BGH (Urt. v. 2.2.2010, 1 StR 635/09, wistra 2010, 226 ff.) sieht nur den als Steuerschuldner an, der die Ware vor Abschluss der Verbringung erwirbt, der BFH (Urt. v. 11.11.2014, VII R 44/11, wistra 2015, 203 ff.) dagegen jeden Erwerber, auch den nach Beendigung des Verbringungsverfahrens. Gleichwohl ist dies keine Divergenz i. S. von § 2 Abs. 1 RsprEinhG. Der BFH beurteilt die

Die Straftatbestände sanktionieren Verstöße gegen **Verhaltensnormen**, sind also **Sanktionsnormen**. Ihre Auslegung muss berücksichtigen, welches Verhalten mit der Sanktion belegt werden soll. Beispiel: Wenn z.B. § 370 Abs. 1 Nr. 1 AO die Abgabe unrichtiger Erklärungen sanktioniert, so fällt hierunter nicht die Unterlassung richtiger. Diese wird nur durch die Nr. 2 des § 370 Abs. 1 AO erfasst. Dazu unter **B.II.2.e)**.

Das Strafrecht übernimmt auch nicht zwingend jede abgabenrechtliche Kapriole bei der Auslegung eines Steuertatbestands. Vielmehr ist es durch den Nullum-crimen-Grundsatz gebunden.

Wenn *Binding* „**die Tyrannei des Nullum-crimen-Satzes**" beklagt,[3] so hat dies insofern seine Berechtigung, als das Kernstrafrecht auf der Rechtsüberzeugung „von Jahrtausenden" fußt. *Binding* will sagen: deshalb benötigt man keinen Nullum-crimen-Satz, denn die Norm braucht nicht auf die Folgen ihrer Übertretung hinzuweisen, weil die **mala in se** Verhaltensnormen verletzen, die ohnehin jedermann geläufig sind. Aber: Steuerstrafrecht gehört nicht zum **Kernstrafrecht**. Seine Straftatbestände sanktionieren nicht „mala in se", sondern „**mala mere prohibita**" sind also nicht „geboren", lediglich „gekoren", d.h. durch Anordnung des Gesetzgebers geschaffen. Umso dringlicher ist ihre Präzisierung durch die lex scripta. Hier geht es daher nicht ohne den Nullum-crimen-Satz.

So mag z.B. abgabenrechtlich eine Erklärungspflicht in ein Steuergesetz hineininterpretiert werden. Für § 370 Abs. 1 Nr. 2 AO ist dies nicht stets beachtenswert, sondern nur dann, wenn die Pflicht auch so umschrieben ist, dass sie den Anforderungen an eine **lex scripta** genügt. Das Strafrecht ist auch nicht der „Kehrmichel" des Gesetzgebers: Es muss nicht Nachlässigkeiten bei der Gesetzesredaktion ausbügeln. Ein Beispiel: Nach § 370 Abs. 6 AO gelten die Absätze 1 bis 5 auch dann, wenn sich die Tat auf Steuern bestimmter ausländischer Staaten bezieht. Nur hat die Redaktion nicht bedacht, dass ausländische Steuern regelmäßig nicht durch Angaben oder deren Unterlassung gegenüber einer deutschen Behörde verkürzt werden, sondern gegenüber Behörden des ausländischen Staats. „Finanzbehörde" ist in § 6 AO definiert. Eine ausländische Behörde gehört nicht dazu. Folglich macht sich nicht nach § 370 AO strafbar, wer französische Biersteuer durch falsche Angaben gegenüber der französischen Verwaltung verkürzt.[4] Das Argument, andernfalls liefe § 370 Abs. 6 AO leer,

---

abgabenrechtliche Frage, der BGH dagegen den strafrechtlich geschützten Steueranspruch, vgl. Weidemann, wistra 2014, 433; anders Allgayer/Sackreuther, NZWiSt 2014, 235 ff.; Retemeyer/Möller, PStR 2017, 233 ff.

3 Binding, Die Normen und ihre Übertretung, 4. Aufl. 1922, Nachdruck 1965, S. 7 ff.
4 Einen solchen Fall betrifft BGH v. 23.10.2018, 1 StR 454/17, wistra 2019, 330, ohne diese Frage auch nur zu diskutieren. Bespr. durch Ibold, HRRS 2019, 207 ff., Wimmer, PStR 2019, 149 ff.; Feindt/Rettke, wistra 2019, 332 f., Ebner, HFR 2019, 815, Ransiek, JR 2019, 342, Weidemann, wistra 2019, 422. Die Bedeutung des Urteils liegt in der Qualifikation der Pflichtwidrigkeit als besonderes persönliches Merkmal i.S. des § 28 Abs. 1 StGB.

sticht strafrechtlich nicht, denn es verstößt gegen den Nullum-crimen-Grundsatz.

III. Vorfragenkompetenz

1. Des Strafgerichts für das Steuerrecht

a) Grundsatz

Das Strafgericht hat die uneingeschränkte Kompetenz für steuerrechtliche Vorfragen. Hier gilt der Grundsatz „iura novit curia". Steuerrecht ist kein „ausländisches" Recht, daher einer Beweisaufnahme nicht zugänglich.[5] Der Strafrichter muss es kennen (oder sich zumindest erarbeiten),[6] darf insbesondere kein Gutachten hierüber einholen. Der BGH muss die Instanzgerichte immer wieder darauf hinweisen, dass die Rechtsanwendung dem Strafrichter (und nicht dem als Zeugen gehörten Beamten der Finanzverwaltung) obliegt.[7] Im Bereich des Kernstrafrechts leuchtet unmittelbar ein, dass allein dem Richter die Beurteilungskompetenz der Tat zukommt: Er bildet sich aufgrund des Inbegriffs der Hauptverhandlung seine eigene Überzeugung, ob beispielsweise durch den

---

[5] Vgl. die Glosse von Tipke, NJW 1976, 2199; anders, wenn es um ausländische Steuer geht: So muss das Tatgericht z.B. bei der Anwendung von § 370 Abs. 6 Satz 1 und 2 AO die Rechtsnatur der „von einem anderen Mitgliedstaat verwalteten Steuer" ermitteln. Zu Recht hat daher das Gericht im Fall BGH v. 25.9.1990, 3 StR 8/90, wistra 1991, 29, ein MPI-Gutachten über die schwedische Getränkesteuer eingeholt. Ob es sich um ausländisches oder inländisches Recht handelt, hängt davon ab, ob die regelnde Norm auch im Inland gilt. EU-Recht ist kein ausländisches Recht, denn es gilt im Inland. Ob bei der Einfuhr nach Polen EU-Einfuhrabgaben verkürzt sind, muss das Tatgericht aufgrund eigener Rechtskenntnis entscheiden, wohl aber ist die Frage, ob nach dem Recht des anderen Mitgliedstaates eine Steuer als Einfuhrabgabe entsteht, der Beweisaufnahme zugänglich. Die Ermittlung des Zollwerts nach Art. 29 ff. ZK (Art. 69 ff. UZK) und der inländischen Einfuhrabgaben wie Einfuhrtabaksteuer und Einfuhrumsatzsteuer ist Rechtsanwendung, die der Tatrichter selbst vorzunehmen und im Urteil darzustellen hat, BGH v. 20.1.2016, 1 StR 530/15, wistra 2016, 194 f.
[6] Bei aller Klage über unzureichende Steuerrechtskenntnisse des Strafrichters (vgl. z.B. Ebner, JurisPR-SteuerR 26/2019 Anm. 4, am Ende): Beim BGH ist ein einziger Senat (früher der fünfte, zur Zeit der erste) für das gesamte Steuerstrafrecht (und daneben für andere Rechtsbereiche) zuständig. Das umfasst nicht nur die Besitz- und Verkehrsteuern (die von den Finanzämtern erhobenen Landessteuern), sondern auch die (vom Bund verwalteten) Zölle und Verbrauchsteuern. Demgegenüber verfügt der BFH über Spezialsenate für nahezu jede Steuerart. So sind z.B. die Bundessteuern (Zoll und Verbrauchsteuern) dem 7. Senat zugewiesen, der außerdem nur noch „Marktordnung, Steuerberatungsrecht und allgemeines Abgabenrecht" zu bewältigen hat. Demgegenüber deckt die ordentliche Justiz den gesamten Bereich des Steuerrechts ab, denn „hinterzogen" wird in Praxi jede Steuer, sobald sie auch nur erhoben wird, so dass dem 1. Strafsenat des BGH fachlich die 11 Senate des BFH gegenüberstehen.
[7] BGH v. 25.10.2000, 5 StR 399/00, wistra 2001, 22; v. 25.3.2010, 1 StR 52/10, NStZ-RR 2010, 207; v. 8.7.2014, 1 StR 240/14, wistra 2014, 486; Jäger NStZ 2017, 453 ff. (457).

Messerstich des Täters der Tod des Opfers eingetreten ist.[8] Dass Tatgerichte in steuerstrafrechtlichen Verfahren ihre Beurteilungskompetenz aus der Hand geben, mag im ungewohnten Umgang mit dem ausfüllenden Steuerrecht liegen. Nicht naturwissenschaftliche Vorgänge, sondern normative Tatbestandsmerkmale sind zu beurteilen. Schon die Tathandlung enthält rechtliche Wertungen, denn der Tatbestand erfordert Angaben über *steuererhebliche* Tatsachen. Der Hinterziehungserfolg in Gestalt der *Steuerverkürzung* bzw. des *Steuervorteils* lässt sich ohne Blick auf das Steuerrecht nicht erfassen. Allerdings beurteilt auch im Kernstrafrecht das Gericht normative Tatbestandsmerkmale mit uneingeschränkter Vorfragenkompetenz für außerstrafrechtliche (z.B. zivilrechtliche) Rechtsfragen, etwa den „Schaden" in § 263 StGB, das Merkmal „fremd" in § 242 StGB. Die Bürde im Rahmen der Strafrechtsanwendung als Vorfrage das Steuerrecht beurteilen zu müssen, kann also dem Strafrichter nicht untragbar sein.

b) Ausnahme

Verneint das Finanzgericht einen Steueranspruch, ist der Strafrichter daran gebunden. Das ergibt sich aus dem in § 370 Abs. 1 AO niedergelegten Kausalitätserfordernis zwischen Tatverhalten und Erfolg: Die Steuerverkürzung muss „dadurch", d.h. durch das Machen unrichtiger oder das Unterlassen richtiger Angaben verursacht sein. Entscheidet das Finanzgericht, dass im konkreten Fall Steuern nicht entstanden sind, hätten auch zutreffende Angaben keine Steuerverkürzung verursacht – selbst wenn der Strafrichter den Steuertatbestand anders beurteilt und einen Steueranspruch bejaht. Die frühere Regelung in § 468 RAO 1931, wonach das Strafgericht den Strafprozess aussetzen und die Entscheidung des Finanzgerichts abwarten musste, hatte also ihren guten Sinn. Dass sie abgeschafft und durch die Ermessensbestimmung des § 396 AO ersetzt wurde, ist nach meiner Ansicht wenig sinnvoll.[9] Endet das Strafverfahren ohne Aussetzung mit einer Verurteilung und ergibt sich im Besteuerungsverfahren, dass ein Steueranspruch nicht besteht, soll dies nach h.M. nicht einmal ein Wiederaufnahmegrund sein.[10] Diese missliche Konstellation erörtert *Streck*.[11]
Die wechselseitige Unabhängigkeit von Steuerrecht und Strafrecht ist in der Tat

---

8 Vgl. Harms, GS Schlüchter 2002, 451 (452): Dass in einer Mordsache das Gericht nicht in die Urteilsgründe schreibt, nach den „glaubhaften Bekundungen des ermittelnden Polizeibeamten" hat der Angeklagte seine Ehefrau aus niedrigen Beweggründen erwürgt ..., leuchtet ein. Es ist demgegenüber erstaunlich, wie oft in Steuerstrafsachen der BGH die Tatgerichte darauf hinweisen muss, dass Rechtsanwendung (wozu auch die Steuerberechnung gehört) dem Richter und nicht dem als Zeugen vernommenen Steuerbeamten XY obliegt.
9 Der Deutsche Anwaltverein ist auch nicht rechtzeitig aufgewacht. Die erste Änderung des § 468 RAO 1931 durch § 468 AO 1965 hat er verschlafen, meldete sich erst 1967, als alles schon gelaufen war und es nur noch um eine geringfügige Änderung ging, die mit der Bindungsfrage nichts zu tun hat, im Einzelnen vgl. Weidemann, GA 1987, 205 ff. (210 f., Fn. 27).
10 Dazu Bernsmann, FS Kohlmann 2003, 377 ff.; Schork/Kauffmann in Hüls/Reichling, § 396, Rn. 67; Hellmann, Nebenstrafverfahren, 128, hält Wiederaufnahme für diskutabel, verneint andererseits eine Pflicht zur Aussetzung (S. 131).
11 Streck, GS Joecks 2018, 631 ff.

„merkwürdig", und wenn das Steuerstrafrecht den Zweck hat, das Steueraufkommen zu sichern, dann ist die Freiheitsstrafe keine Sanktion, die mit diesem Ziel in innerem Zusammenhang steht. Abwegig ist auch der Gedanke, eine Bindung des Strafrichters an finanzgerichtliche Entscheidungen sei dem Prozessrecht fremd und widerspreche dem Richterbild.[12] Abgesehen davon, dass zur Zeit der RAO eine solche Bindung tatsächlich bestand, ohne dass sie als dem Richterbild abträglich empfunden wurde, erfordert schon das Kausalitätsmerkmal „dadurch" im Tatbestand des § 370 AO zumindest in bestimmten Konstellationen eine solche Bindung: Steuern, die nicht erhoben werden, sind nicht „durch" unrichtige Angaben hinterzogen, sie sind überhaupt nicht hinterzogen.

Zugegebenermaßen ist gedanklich ist auch eine andere Lösung möglich: Wenn das Wörtchen „dadurch" nicht Kausalität im naturwissenschaftlichen Sinn, sondern ein normatives Verhältnis bezeichnet, kommt es nicht darauf an, wie die Steuerrechtsprechung den Steuertatbestand beurteilt, sondern wie sie ihn beurteilen *müsste*. Der Ansatz ist ähnlich wie in den Fällen der zivilrechtlichen Regressprozesse: Es ist nicht entscheidend, wie der Grundprozess voraussichtlich ausgegangen wäre, sondern wie er richtigerweise hätte entschieden werden müssen. Dies beurteilt das Gericht des Haftungsprozesses in eigener Kompetenz. Auf den Steuerstrafprozess darf dieser Gedanke nicht übertragen werden, denn das hieße, dem Strafrichter für den Steueranspruch die höhere Beurteilungsfähigkeit zuzubilligen als dem Fachgericht. Im Interesse richtiger Anwendung materiellen Rechts (hier: der von § 370 AO vorausgesetzten Kausalität) ist § 396 Abs. 1 AO so zu verstehen, dass zwingend ausgesetzt werden muss, falls das Finanzgericht über den Steueranspruch noch nicht entschieden hat. Andernfalls besteht die Gefahr, dass am Ende ein „Mord ohne Leiche" abgeurteilt wird.[13]

Wohin es führt, wenn das Strafgericht vorprescht und die Entscheidung des FG nicht abwartet, zeigt ein Urteil des FG Hamburg.[14] Der Angeklagte war vom AG wegen gewerbsmäßiger Steuerhehlerei unversteuerter und unverzollter Zigaretten verurteilt worden. Der Zoll konnte die Herkunft der Ware nicht zweifelsfrei feststellen und ging ursprünglich „zugunsten des Angeklagten" davon aus, dass es sich um Gemeinschaftsware handelte, was Anklage und Gericht übernahmen, weshalb das AG von der Hinterziehung inländischer Tabaksteuer ausging. Später polte das HZA um und erließ einen Abgabenbescheid über Zoll und Einfuhrumsatzsteuer, den das FG aufhob, weil der abgabenrechtliche Status der Zigaretten nicht klar war. Das FG sah sich nicht in der Lage, die Feststellungen des Strafgerichts zu übernehmen, da dieses von Verkürzung inländischer Tabaksteuer ausging, also nicht „die Feststellung treffen wollte, eine Nicht-Unionsware sei aus einem Drittland in das Zollgebiet der Union verbracht worden." Wahrscheinlich war dem AG nicht einmal der Unterschied zwischen Drittland-

---

12 Harms/Heine, FS Spindler 2011, 429 ff. (441 ff.); dagegen Streck, GS Joecks, 2018, 638.
13 Zum Problem vgl. Hellmann, Nebenstrafverfahren, 123 ff.
14 FG Hamburg, v. 23.6.2017, 4 K 217/16, juris. Die Entscheidung ist auch wegen ihrer Ausführungen zur „Feststellungslast" der Finanzbehörde bedeutsam, worauf ich in der Einleitung, C.I. zurückkomme.

und inländischer Ware klar, sonst hätte es nicht einerseits von „unverzollten" Zigaretten gesprochen und andererseits inländische Tabaksteuer als verkürzt angesehen. Das Ergebnis: Der Angeklagte ist rechtskräftig verurteilt, aber der Steueranspruch besteht nicht. Würde der Angeklagte die angeblich gehehlte Steuer an das HZA überweisen, bekäme er sie zurück mit dem Hinweis „keine Sollstellung".[15]

Das hier geschilderte Problem existiert im Gegensatz zu der Auffassung von *Harms/Heine* [16] nicht nur im Kreise von Ordinarien und Strafverteidigern, sondern harrt dringlich einer Lösung. Vernünftig wäre es, zur alten Bindungswirkung zur Zeit der RAO zurückzukehren und das Aussetzungsgebot des § 396 AO zwingend zu gestalten.

2. Des Finanzgerichts für das Strafrecht

Der Finanzrichter entscheidet eigenständig über strafrechtliche Vorfragen und hat hierfür die uneingeschränkte Vorfragenkompetenz. Strafrechtliche Vorfragen sind für das Steuerrecht erheblich:

- Hinterzogene Steuern sind zu verzinsen (§ 235 AO).
- Hinterzogene Steuern verjähren erst in 10 Jahren (§ 169 Abs. 2 AO).
- Der Hinterzieher haftet für die verkürzten Steuern (§ 71 AO).
- Steuerbescheide, die aufgrund einer Außenprüfung ergangen sind, können nur geändert werden, wenn eine Steuerhinterziehung vorliegt (§ 173 Abs. 2 AO).

Tief in das Strafrecht einsteigen müssen Veranlagungsbeamte, Außenprüfer, Fahnder, Finanzrichter bei der Anwendung einer besonderen Kreation des Gesetzgebers, dem § 4 Abs. 5 Satz 1 Nr. 10 EStG.[17] Hiernach dürfen den Gewinn nicht mindern: die Zuwendung von Vorteilen, wenn diese Zuwendung eine rechtswidrige Handlung darstellt, die ein Strafgesetz verwirklicht. Gemeint sind damit insbesondere die „nützlichen Aufwendungen" in Gestalt der Vorteilsgewährung i. S. von § 333 StGB und der Angestelltenbestechung nach § 299 Abs. 2 StGB, einer Vorschrift, die aus dem UWG in das StGB überführt wurde. Die Bestimmung entspricht bei den Amtsdelikten dem § 334 StGB. Der Steuerrechtsanwender muss prüfen, ob die betreffende Aufwendung einen Straftatbestand erfüllt. Das Abzugsverbot des EStG ist nicht (mehr) an eine strafrechtliche Verurteilung geknüpft, vielmehr muss die Finanzverwaltung über diese strafrechtliche Vorfrage in eigener Kompetenz entscheiden, demzufolge auch der Finanzrichter, wenn der Pflichtige gegen den die Abzugsfähigkeit verneinenden Bescheid klagt.

---

15 Streck, GS Joecks 2018, 638.
16 Harms/Heine, FS Spindler 2011, 429 ff.
17 Wie kompliziert diese Bestimmung ist, zeigt sich schon daran, dass sie nicht immer richtig zitiert wird. Der Abs. 5 hat zwei Sätze, und die Nr. 10 steht in Satz 1.

B) Der auszufüllende Straftatbestand: § 370 AO
I. Kein Blankettgesetz

Der Steuerhinterziehungstatbestand des § 370 AO ist ausfüllungsbedürftig. Das geschieht durch die formellen und materiellen Regeln des Steuerrechts, in concreto des Tabaksteuerrechts. Gleichwohl ist der Steuerhinterziehungstatbestand kein Blankettgesetz,[18] denn mit diesem Begriff verbinden sich Rechtsfolgen, die auf § 370 AO nicht zutreffen. Wäre die Vorschrift ein Blankett, wäre sie zur Gewinnung des vollständigen Tatbestands mit den maßgebenden (tabak)steuerlichen Bestimmungen zusammenzulesen, wären Tatumstände nur diejenigen, die sich aus dem nach Art einer Ziehharmonika auseinander gezogenen Gesamttatbestand ergeben, nicht aber das geistige Band, das den Tatbestand mit Hilfe der Merkmale „steuererheblich"[19] und „Steuerverkürzung" umspannt. Dass aber diese Merkmale vom Vorsatz umfasst sein müssen, sagt die seit BGHSt 5, 90 (92)[20] von Rechtsprechung und h.M. zwar mit nicht überzeugender Begründung,[21] aber im Ergebnis zutreffend angewandte **Steueranspruchstheorie**. „Steuerverkürzung" und „steuererheblich" sind richtiger Ansicht nach normative Tatbestandsmerkmale,[22] die der Täter, soll er vorsätzlich handeln, in seinen Vorsatz, wenn auch nach Laienart, aufnehmen muss.[23]

---

18 Zum Problem ausführlich Bülte, JuS 2015, 769 ff.; Seer, Steuer und Studium 2016. 35 ff. (39); Seer, Ad Legendum 2015, 292 ff. (296); Ziemann in Hüls/Reichling, vor 369, Rn. 7.

19 Steuererheblich sind nicht beliebige Tatsachen, sondern nur solche, die gesetzliche Voraussetzungen der Festsetzung sind. Es kommt also nicht darauf an, was sich die Regierung „so denkt" und wovon sie die Veranlagung oder Erstattung gerne abhängig machen möchte, sondern darauf, ob sich diese Voraussetzungen im Gesetz niedergeschlagen haben, vgl. Weidemann, BB 2014, 2135 ff. (2139), erläutert am Beispiel der „Cum-ex-Probleme".

20 BGH v. 13.11.1953, 5 StR 342/53, BGHSt 5, 90; Radtke, GS Joecks, 2018, 543 ff.; der BGH hält an der Steueranspruchstheorie fest, BGH v. 10.1.2019, 1 StR 347/18, wistra 2019, 374, mit Anm. Pflaum.

21 Einem Aufsatz von Welzel, NJW 1953, 486, folgend: weil der Steueranspruch Angriffsobjekt sei, gehöre er zum objektiven Tatbestand; dagegen bereits Warda, Die Abgrenzung von Tatbestands- und Verbotsirrtum bei Blankettstrafgesetzen, 1955, 46 ff.

22 So schon Seer in Tipke/Lang, Steuerrecht, § 23, Rn. 45 f; TK-Krumm, 146. Lfg. 2016, § 370 AO, Rn. 1 ff.; Kudlich/Oglakcioglu, Wirtschaftsstrafrecht, 2. Aufl. 2014, 66 (Rn. 176); „Blankettgesetz" wird meist untechnisch verstanden, so etwa Vogelberg in Simon/Vogelberg, Steuerstrafrecht, 2. Aufl. 2007, 77 (Blankettbestimmung mit deskriptiven und normativen Merkmalen ausgefüllt, also letztlich wie hier, übernommen von Wagner in Simon/Wagner, Steuerstrafrecht, 4. Aufl. 2015, 77).

23 Im Erg. wie hier Hellmann in Steuerstrafrecht an der Schnittstelle zum Steuerrecht, Bd. 38 der Veröff. der Steuerjuristischen Gesellschaft, 2015, herausg. v. Mellinghoff, S. 53 ff. (61 f.); Nach Jäger, ebenda, S. 29 ff. (36) ist der Streit um die Terminologie in den meisten Fällen ohne praktische Bedeutung; zur Steueranspruchstheorie ausführlich Kuhlen, ebenda, S. 117 ff., und Grundfragen der strafbaren Steuerhinterziehung, 2012, 9 f.; Roger, StraFo 2016, 497 ff.; Bülte, NStZ 2013, 65 ff., und GS Joecks,

II. Die Struktur des Steuerhinterziehungstatbestands

1. Die Handlungen/Unterlassungen

§ 370 AO enthält in seinem Absatz 1 einen Begehungs- und zwei Unterlassungstatbestände. Alle Verhaltensweisen müssen kausal (bzw. die Unterlassung „quasikausal") den in § 370 Abs. 4 Satz 1 AO definierten Erfolg nach sich ziehen. Das Kausalitätserfordernis ist bei der Vorfragenkompetenz unter **A.III.1.b)** erwähnt. Die durch die unrichtigen bzw. unterlassenen Angaben verkürzte Steuer ist diejenige, die bei zutreffenden Angaben festgesetzt worden wäre. Im Zollrecht ist das nicht die infolge vorschriftswidriger Einfuhr **entstandene** Zollschuld, sondern diejenige, die bei vorschriftsmäßiger Einfuhr und regelgerechter Erklärung buchmäßig **erfasst** und festgesetzt worden wäre. Das verkennt eine BGH-Entscheidung, wenn sie zum alten Recht des ZK den Art. 202 Abs. 1 Buchst. a ZK anstatt richtig Art. 201 Abs. 1 Buchst. a ZK zitiert.[24]

a) Der Begehungstatbestand (§ 370 Abs. 1 Nr. 1 AO)

Erforderlich ist, dass durch unrichtige Angaben gegenüber der Finanzbehörde (oder anderen Behörden) Steuern verkürzt werden. Der Tatbestand ist ein **Jedermannsdelikt**, kann also nicht nur vom Steuerpflichtigen selbst, sondern auch von dessen Berater, Anwalt, Buchhalter, Ehepartner begangen werden.

b) Der Unterlassungstatbestand (§ 370 Abs. 1 Nr. 2 AO)

Tatbestandsmäßig handelt nur, wer die Finanzbehörde (andere Behörden sind in Nr. 2 nicht erwähnt) *pflichtwidrig* in Unkenntnis lässt. Die Erklärungspflicht schränkt den Kreis der möglichen Täter ein. Der Unterlassungstatbestand ist demzufolge kein Jedermannsdelikt oder besser gesagt ein eingeschränktes Jedermannsdelikt.[25] Er kann nur von dem begangen werden, dem eine Erklä-

---

2018, 365; TK-Krumm, 146. Lfg. 2016, § 370, Rn. 127; Radtke, GS Joecks, 2018, 543 ff.; Weidemann, FS Herzberg 2008, 299; Gehm, S. 84 ff.; instruktiv bereits die Schrift von Kunert, Die normativen Merkmale der strafrechtlichen Tatbestände, 1958, insbes. S. 108 ff. zum Vorsatz bei den Komplexbegriffen.

24 BGH v. 27. 6. 2018, 1 StR 282/17, wistra 2019, 106, m. Anm. Ebner, HFR 2019, 431; Weidemann, wistra 2019, 285.

25 Abweichend Bender, wistra 2004, 368 (370 f. mit weiteren Nachweisen dort zu Fn. 16); ebenso Möller/Retemeyer, Zoll- und Verbrauchsteuerstrafrecht, 29. Lfg., C 166 ff.; früher hieß es „Bender gegen Rest der Welt," heute hat das Fähnlein der „Überläufer" zugenommen, so z. B. Timpe, HRRS 2018, 243 ff. (245), etiam tu, Kuhlen, Heike-Jung-Fschr., 2007, 445 (455 ff.); dessen Hinweis, wenn § 370 Abs. 1 Nr. 2 AO qua Unterlassungstatbestand Sonderdelikt sei, dann seien alle Unterlassungstatbestände Sonderdelikte, dem widerspreche schon § 138 StGB, überzeugt m. E. nicht: Die Pflicht, Verbrechen anzuzeigen, hat nur derjenige, der Kenntnis hat, also nicht Jedermann. Entsprechend ist erklärungspflichtig im Sinne des § 370 Abs. 1 Nr. 2 AO nur der, dem das (Steuer)gesetz diese Pflicht auferlegt. Nicht stichhaltig ist. die schon von Bender vorgebrachte Begründung, es hänge andernfalls von der zufälligen Ausgestaltung des materiellen Steuerrechts ab, ob § 370 Abs. 1 Nr. 1 oder Nr. 2 AO erfüllt seien. Bevor die Strafrechtsdogmatik auf den Kopf gestellt wird, ist der Gesetzgeber gefordert, das Steuerrecht vom Chaos des Zufälligen zu befreien, was freilich bedeu-

rungspflicht obliegt (aber auch von jedem, der diese Pflicht hat, daher „eingeschränktes Jedermannsdelikt"). Die Pflichtwidrigkeit entspricht der Rechtswidrigkeit beim Begehungsdelikt. Sie ist nicht Tatumstand, sondern allgemeines Verbrechensmerkmal. Das ergibt sich aus dem Umkehrprinzip: Bei den Begehungsdelikten folgt die Pflichtwidrigkeit der Handlung aus der grundsätzlich Jedermann obliegenden Unterlassungspflicht. So ist etwa die Tötung eines Menschen pflichtwidrig, weil jeder die Verpflichtung hat, Tötungen zu unterlassen. Demgegenüber trifft die von den Unterlassungstatbeständen vorausgesetzte Handlungspflicht nur denjenigen, dem sie auferlegt ist, z. B. den Gestellungspflichtigen bei der Einfuhr oder die in § 23 Abs. 1 Satz 3 TabStG Erwähnten (Lieferer, Empfänger, Besitzer) im Fall des Verbringens aus einem anderen Mitgliedstaat.

c) Die Unterlassung des § 370 Abs. 1 Nr. 3 AO

Die Nichtverwendung von Steuerzeichen ist aktuell nur für die Tabaksteuer relevant. Bestraft wird, wer pflichtwidrig die Verwendung von Steuerzeichen unterlässt. § 370 Abs. 1 Nr. 3 AO ist zu einer Zeit eingeführt worden, als das TabStG noch keine Erklärungspflichten enthielt und daher die Tabaksteuerverkürzung von den Erklärungstatbeständen des § 370 Abs. 1 Nr. 1 und 2 AO nicht erfasst war. Heute, wo das TabStG zahlreiche Erklärungspflichten kennt, ist der Grund für die Existenz des § 370 Abs. 1 Nr. 3 AO entfallen, aber der Gesetzgeber hat die Bestimmung, obwohl sie überflüssig ist, nicht aufgehoben[26] und damit die Konkurrenzfrage zwischen Nr. 3 einerseits und den Erklärungsdelikten der Nrn. 1 und 2 des § 370 Abs. 1 AO offen gelassen.[27]

2. Der Erfolg: Die Steuerverkürzung

a) Bei der Festsetzungsverkürzung

§ 370 Abs. 4 Satz 1 AO definiert die Steuerverkürzung als unzureichende (nicht rechtzeitige, nicht in voller Höhe vorgenommene oder ganz unterbliebene) Festsetzung. Diese Definition ist für alle Veranlagungssteuern einschlägig.[28]

---

ten würde, dass vor einer neuen Kreation auch die Konsequenzen bedacht werden. Tully-Graf/Jäger/Wittig, Wirtschafts- und Steuerstrafrecht, 2. Aufl. 2017, § 373, Rn. 53, diskutiert eine steuerrechtliche Erklärungspflicht aus dem Gesichtspunkt der Ingerenz und hält eine Abkehr von der Einordnung des § 370 Abs. 1 Nr. 2 AO als Sonderdelikt derzeit nicht für notwendig; offenbar habe ich in wistra 2019, 286 Tully falsch verstanden, indem ich seine Ansicht der Gegenmeinung zugerechnet habe.

26 Näher zu § 370 Abs. 1 Nr. 3 AO Weidemann, PStR 2016, 219 ff., und wistra 2017, 136 ff. Federführend war der Finanzausschuss, dem strafrechtliche Betrachtungen wohl etwas fern lagen („der Ausschuss war allein zu Haus, Probleme blieben da nicht aus," frei zitiert nach einer mündlichen Bemerkung von Karl Heinz Kunert).
27 Dazu Jäger, FS Amelung, 2009, 447 ff. (465 ff.).
28 Zum Folgenden Weidemann, FS Schwind, 2006, 491 ff.

Der auszufüllende Straftatbestand: § 370 AO

aa) Amtsveranlagung (durch die Finanzbehörde)

Nach § 150 Abs. 1 Satz 1 AO sind Steuererklärungen nach amtlich vorgeschriebenem Vordruck abzugeben. **Beispiele:** Nach § 25 Abs. 3 EStG (§ 56 EStDV) hat der Steuerpflichtige für den abgelaufenen Veranlagungszeitraum eine ESt-Erklärung abzugeben.

Mitzulesen ist § 149 Abs. 2 AO (5 Monate nach Ablauf ist die Erklärung abzugeben).

Ähnlich:

§ 49 Abs. 1, Abs. 2 KStG,

§§ 14a, 35c Abs. 1 Nr. 1e GewStG,

§ 19 GEStG,

Artikel 217 ff. ZK

bb) Steueranmeldung (Selbstveranlagung)

Nach § 150 Abs. 1 Satz 2 AO hat der Steuerpflichtige in der Steuererklärung die Steuer selbst zu berechnen, soweit dies gesetzlich vorgeschrieben ist (Steueranmeldung). Gesetzlich vorgeschrieben ist dies u. a. in:

§ 18 Abs. 3 UStG/§ 149 Abs. 2 Satz 1 AO

§ 18 Abs. 1 UStG,

§ 41a Abs. 1 EStG für die Lohnsteuer.

Ist eine Steuer aufgrund gesetzlicher Vorschriften anzumelden, so ist nach § 167 Abs. 1 Satz 1 AO eine Festsetzung der Steuer nur in Ausnahmefällen erforderlich. Vielmehr steht die Steueranmeldung nach § 168 AO einer Steuerfestsetzung (unter dem Vorbehalt der Nachprüfung) gleich. Steuern, die anzumelden sind, sind also **„selbstveranlagend"**.

Die Struktur des Steuerhinterziehungstatbestands

Damit ergibt sich folgendes Bild:

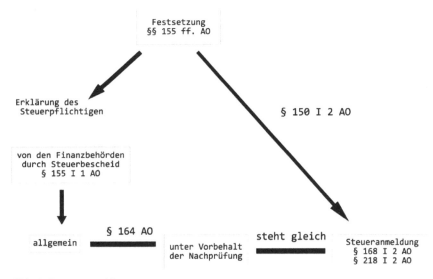

Abb. 1: *Steueranmeldung*
Quelle: Eigene Darstellung

cc) Die drei Verkürzungsvarianten

aaa) Grundsätzliches

Die „Nichtfestsetzung", so könnte man meinen, ist in der „nicht rechtzeitigen" enthalten, denn wenn die Steuer überhaupt nicht festgesetzt wird, ist sie auch nicht „rechtzeitig" festgesetzt. Wird sie „nicht in voller Höhe" festgesetzt, dann ist dieser Teil der Steuer „nicht" festgesetzt. Der weiteste Begriff wäre hiernach die nicht rechtzeitige Festsetzung, darin ist enthalten die Nichtfestsetzung und darin wiederum die Festsetzung nicht in voller Höhe. Nach meiner Ansicht kennzeichnet indessen jeder dieser Begriffe einen eigenen Tatbestand.[29]

bbb) Nicht rechtzeitige Festsetzung

Nichtfestsetzung und nicht rechtzeitige Festsetzung: Das Gesetz stellt beide Begriffe nebeneinander. Folglich ist „Nichtfestsetzung" etwas anderes als die unter-

---

[29] Die folgenden Ausführungen entsprechen nicht der h. M. und insbesondere nicht der Rechtsprechung des BGH. Dieser sieht – ausgehend von dem Verständnis des Hinterziehungstatbestands als Gefährdungsdelikt – die „tatbestandliche Steuerverkürzung" nicht nur im Zinsschaden, sondern regelmäßig im Nominalbetrag der verkürzten Steuer, im Zinsschaden nur dann, wenn es dem Täter um Verschaffung von Liquidität ging (so für die Umsatzsteuer BGH v. 17.3.2009, 1 StR 627/08, NStZ 2009, 510 = wistra 2009, 355, mit Bespr. Lipsky, PStR 2009, 151). Verkürzung auf Zeit und auf Dauer unterscheiden sich nach dieser Ansicht nur im „Handlungsunrecht", d.h. im subjektiven Tatbestand.

Der auszufüllende Straftatbestand: § 370 AO

bliebene Festsetzung zum gesetzlichen Termin. Wird etwa die Jahres-USt nicht am 31.5. des Folgejahres festgesetzt, so sie „nicht rechtzeitig" festgesetzt. Nichtfestsetzung meint demgegenüber, dass die Steuerfestsetzung gänzlich ausbleibt, also nicht mehr nachgeholt werden kann. Regelmäßig ist die Festsetzung aber möglich, da gemäß § 171 Abs. 7 AO die steuerliche Festsetzungsverjährung nach der strafrechtlichen Verjährung abläuft, Festsetzungsverjährung also nicht eingetreten ist und demzufolge die Steuer noch festgesetzt werden kann.[30] Derartige Fallkonstellationen sind also Fälle nicht rechtzeitiger Festsetzung.

Der Steuerschaden muss nach der hier vertretenen Ansicht wie folgt ermittelt werden: Berechnung der nicht rechtzeitig festgesetzten Nominalsteuer (erster Schritt), Ermittlung, wann steuerlich festgesetzt werden kann, wobei zugunsten des Pflichtigen (in dubio pro reo) die früheste Festsetzungsmöglichkeit vorauszusetzen ist. Schaden ist immer nur der Zinsschaden.[31] Aber: wie erwähnt geht die Rechtsprechung vom **Nominalbetrag** aus, der infolge der unrichtigen (unterbliebenen) Angaben nicht festgesetzt wurde – auch wenn die Festsetzung noch möglich ist.

ccc) Nichtfestsetzung

Nichtfestsetzung als Erfolg der Verkürzungshandlung setzt voraus, dass die Steuer nicht mehr festgesetzt werden kann. Nach § 171 Abs. 7 AO endet bei die Festsetzungsfrist für hinterzogene Steuern nicht vor Verjährung der Steuerstraftat. Folglich kann hinterzogene Steuer, sofern die Hinterziehung noch verfolgt werden kann, immer noch festgesetzt werden.[32] In der Regel führt die Hinterziehung nicht zur Nichtfestsetzung, sondern nur zu verspäteter Festsetzung. Zur **Nichtfestsetzung** kommt es in besonderen Fällen der **Verbrauchsteuerhinterziehung**: Etwa dann, wenn der Steuergläubiger seine Festsetzungsbefugnis verliert, weil die Ware durch Deutschland lediglich durchgeführt und bestimmungsgemäß in einen anderen Mitgliedstaat überführt wird. So ist mit der Einfuhr bzw. der Verbringung der Verbrauchsteueranspruch entstanden, infolge der Durchführung auch nicht erloschen, jedoch **verliert** der deutsche Steuergläubiger sein **Erhebungsrecht**, wenn die Ware das deutsche Steuergebiet verlässt. Die entsprechende Entscheidung des EuGH betrifft einen Fall der Verbringung von einem Mitgliedstaat in den anderen.[33]

ddd) Festsetzung nicht in voller Höhe

Nicht und nicht in voller Höhe: Die beiden Merkmale kennzeichnen die Relation zwischen steuerlich festzusetzendem (Sollfestsetzung) und festgesetztem Betrag

---

30 Schmitz, Unrecht und Zeit, 2001, 99, und MK-Schmitz/Wulf Nebenstrafrecht II, 3. Aufl. 2019, § 370 AO, Rn. 91; anders Rolletschke, wistra 2007, 371 ff., Steuerstrafrecht, Rn. 65 und 78 ff., und in Rolletschke/Kemper, Steuerverfehlungen, 100. Lfg 2013, § 370, Rn. 213 ff.
31 Zur Höhe der Zinsen vgl. Rolletschke, Steuerstrafrecht, Rn. 82.
32 Schmitz, Unrecht und Zeit, 2001, 99.
33 EuGH v. 5.3.2015, C-175/14, wistra 2016, 19 ff., mit Anm. Leplow; BGH v. 14.10.2015, 1 StR 521/14, wistra 2016, 74 ff.; Weidemann, wistra 2016, 209 f. (211).

(Istfestsetzung). Es ist ein Unterschied, ob etwa die nicht festgesetzten 50.000 € den gesamten geschuldeten Steuerbetrag darstellen oder ob sie nur der Bruchteil aus einer Million sind. Das muss im Strafmaß zum Ausdruck kommen, weshalb die bei den OFD kursierenden „Strafmaßtabellen" mit dem Gesetz schon deshalb nicht im Einklang stehen, weil sie auf den absoluten Betrag der verkürzten Steuer abstellen.[34]

Auch die Festsetzung „nicht in voller Höhe" ist für § 370 AO nur in der Form der nicht rechtzeitigen Festsetzung relevant, weil es – von den oben erwähnten Ausnahmen abgesehen – keine strafrechtlich verfolgbare Nichtfestsetzung gibt. Der Schaden liegt folglich auch bei der zu niedrigen Festsetzung nicht in der Höhe des nicht festgesetzten Nominalbetrags, sondern nur im Verspätungsschaden.

b) Beitreibungs- und Zahlungsverkürzung

Neben der Festsetzungsverkürzung soll es nach verbreiteter Meinung weitere Verkürzungsarten geben, was aus dem Wort „namentlich" in § 370 Abs 4 Satz 1 AO geschlossen wird: die Beitreibungsverkürzung und die Zahlungsverkürzung. Letztere ist für alle Fälligkeitsteuern von Bedeutung, die allein durch Erfüllung des Steuertatbestands ohne gesonderte Erklärung des Steuerschuldners entstehen und fällig werden. Solche Steuern gibt es heute – von der Tabaksteuer abgesehen[35] – nicht mehr, und für diese sieht das Gesetz den Spezialtatbestand des § 370 Abs. 1 Nr. 3 AO vor, der die „Nichtentrichtung" der Tabaksteuer erfasst und faktisch in § 370 Abs. 1 Nr. 3 AO den eigenen Begriff der **„Verwendungsverkürzung"** zugrundelegt. Die Frage, ob § 370 AO neben der Festsetzungs- auch die Zahlungsverkürzung kennt, gewinnt allerdings nach der Aufhebung der Sätze 3 und 4 des § 370 Abs. 6 AO und dem damit verbundenen Wegfall des Gegenseitigkeitserfordernisses Bedeutung, da sich das deutsche Steuerstrafrecht qua Legalitätsprinzip nun auch mit der Verkürzung ausländischer (harmonisierter) Verbrauchsteuern zu befassen hat, die – wie z.B. das österreichische Finanzstrafrecht – auch die Zahlungsverkürzung kennen. Nach der hier vertretenen Ansicht darf es indessen wegen des in Art. 103 Abs. 2 GG niedergelegten Bestimmtheitsgebots keinen Verkürzungsbegriff „kraft Herkommens" geben, aus dem allein sich die Zahlungsverkürzung herleiten ließe. Das Wort „namentlich" in § 370 Abs. 4 Satz 1 AO läuft leer.

---

34 Anders die bereits erwähnte Rechtsprechung des 1. Strafsenats des BGH (v. 17.3.2009, 1 StR 627/08), die selbst bei unstreitig vorliegender Verkürzung auf Zeit die Verkürzung im Nominalbetrag der Steuer sieht. Gegen die Zulässigkeit von Strafmaßtabellen Minoggio, HRRS 2003, 236 ff., und PStR 2003, 212 ff.; zweifelnd Brauns, FS Samson, 2010, 515 ff. (530 ff.).

35 Die TabSt ist zwar in vielen Fällen „sofort fällig", aber das ist stets mit Erklärungspflichten verbunden, so dass wir auch im TabSt-Recht strafrechtlich nicht mehr auf die „Fälligkeit" zurückgreifen müssen. Es geht auch hier wie bei anderen Steuerarten um Festsetzungsverkürzung i. S. des § 370 Abs. 4 AO (ohne „namentlich").

Der auszufüllende Straftatbestand: § 370 AO

c) Verwendungsverkürzung nach § 370 Abs. 1 Nr. 3 AO

Die Tabaksteuer ist, wie § 17 Abs. 1 TabStG vorschreibt, durch Verwendung von Steuerzeichen *zu entrichten*. „Entrichten" bedeutet Zahlung. Die Steuerzeichen müssen bei Entstehung der Steuer *verwendet* (§ 17 Abs. 1 Satz 3 TabStG), d.h. wenn die Ware das Lager verlässt, *entwertet* und auf den Kleinverkaufspackungen *angebracht* sein (17 Abs. 1 Satz 2 TabStG). Die Steuerzeichen haben „geldähnliche Funktion",[36] Nicht*entrichtung* ist also gleichbedeutend mit Nicht*zahlung*. Der Tatbestand des § 370 Abs. 1 Nr. 3 AO erfasst einen besonderen Fall der Zahlungsverkürzung, d. h. diejenige, die durch Unterlassung der Steuerzeichenverwendung begangen wird, zusammenfassend als „**Verwendungsverkürzung**" bezeichnet[37]. Dass der Tatbestand gemeinsam mit den Erklärungsdelikten des § 370 Abs. 1 Nr. 1 und 2 unter das zusätzliche Postulat („dadurch") des Verkürzungserfolgs gestellt wird, ist irreführend, denn die Nichtzahlung durch Steuerzeichen *ist* die Verkürzung und verursacht sie nicht. § 370 Abs. 1 AO muss so gelesen werden:[38]

Wer unrichtige Angaben macht

oder richtige unterlässt und dadurch Steuern verkürzt

oder die Verwendung von Steuerzeichen unterlässt ...

Der Verkürzungserfolg muss also im Fall des § 370 Abs. 1 Nr. 3 AO nicht gesondert festgestellt werden.

d) Fälligkeitsteuern und Veranlagungsteuern

Diese auch heute noch oft noch gebrauchte Unterscheidung ist strafrechtlich uninteressant, weil sie keine Konsequenzen nach sich zieht, jedenfalls nicht für das Strafrecht.[39] So ist etwa die Umsatzsteuer Fälligkeitsteuer (nach § 18 Abs. 1 Satz 3 UStG ist die Vorauszahlung *„am 10. Tag nach Ablauf des Voranmeldungszeitraums fällig"*), weil sie zu bestimmten Terminen fällig wird, ohne dass die Finanzbehörde einen Bescheid erlassen muss. Veranlagt wird jedoch auch die USt, wenn auch durch Selbstveranlagung (Steuer**anmeldung**). Auch das TabStG stellt in verschiedenen Bestimmungen die Steuer „sofort fällig", aber das hat nur abgabenrechtliche, keine strafrechtliche Konsequenz, denn der Steuerschuldner muss eine Steuer**erklärung** (nicht einmal eine Anmeldung) abgeben: die Steuer wird also **amtsveranlagt.** Die Nichtabgabe der Erklärung ist Festsetzungsverkürzung.

Gäbe es eine reine Fälligkeitsteuer, d. h. eine Steuer, die zu einem bestimmten Termin oder infolge eines bestimmten Ereignisses fällig wird und weder zu

---

36 BSS-Bongartz, K 50; Jarsombeck, ZfZ 1999, 296.
37 Vgl. Rolletschke in Rolletschke/Kemper Steuerstrafrecht, 100. Lfg. 2013, § 370, Rn. 275; Gehm, 76.
38 Näher Weidemann, wistra 2017, 136 ff.
39 Im Ergebnis ebenso Ebner, Verfolgungsverjährung: Wenn er auf S. 33 zwischen Veranlagungs- und Fälligkeitsteuern unterscheidet, so ergibt sich aus S. 312 unten, dass er mit Fälligkeitssteuern in Wahrheit Anmeldesteuern meint.

erklären, noch anzumelden ist, so könnte diese nicht festsetzungsverkürzt werden, da sie nicht veranlagt wird. Für eine derartige Steuer gewänne das Wörtchen „namentlich" in § 370 Abs. 4 Satz 1 AO Bedeutung: Es wäre fraglich, ob es bei den Tatbeständen des § 370 Abs. 1 AO neben der Festsetzungsverkürzung noch eine andere Art der Verkürzung gibt, etwa die Zahlungsverkürzung, die derzeit nur bei dem Tatbestand des § 370 Abs. 1 Nr. 3 AO eintritt und auch als Entrichtungsverkürzung/Verwendungsverkürzung bezeichnet wird.

e) Handlung oder Unterlassung?

Wie jeder Sanktionsnorm, so liegt auch dem Steuerhinterziehungstatbestand eine **Verhaltensnorm** zugrunde, die im Fall des § 370 Abs. 1 Nr. 1 AO lautet: Du sollst nicht unrichtige Angaben machen (und dadurch Steuern verkürzen). Diesem Verbot würde der Pflichtige durch Unterlassung genügen – gerade wie er im Fall des § 211 StGB die Verhaltensnorm „du sollst nicht töten" durch Unterlassen der Tötungshandlung erfüllt. Auf § 370 Abs. 1 Nr. 1 AO übertragen: Macht der Pflichtige überhaupt keine Angaben, dann machte er auch keine unrichtigen. Macht er unrichtige, sind diese für die konkrete Festsetzung kausal. Der Pflichtige könnte Strafbarkeit nach § 370 Abs. 1 Nr. 1 AO (dem Begehungsdelikt) dadurch vermeiden, dass er gar nichts erklärt. Untätigkeit (Unterlassen) will die Sanktionsnorm aber nicht erzwingen, im Gegenteil: Der Pflichtige soll erklären, aber richtig und vollständig. Dieses Verhalten umschreibt nicht die *Verbots*norm, sondern die *Gebots*norm. Demzufolge läuft nach meiner Auffassung (aber nicht nach h. M.) in den Fällen, in denen es um die Sanktion unvollständiger Erklärungen geht, der Begehungstatbestand des § 370 Abs. 1 Nr. 1 AO leer und ist nur der Unterlassungstatbestand des § 370 Abs. 1 Nr. 2 AO einschlägig, was freilich die gravierende Konsequenz hat, dass sich nur der Erklärungspflichtige, nicht aber Jedermann, strafbar macht: Ein Problem, das angesichts der Rechtsprechung des EuGH zur Gestellungspflicht bei der Einfuhr Brisanz entwickelte, durch gesetzliche Neuregelung aber entschärft wird.[40]

Die soeben geschilderte Ansicht, wonach sich die Steuerhinterziehung vornehmlich als Unterlassungsdelikt darstellt und die Nr. 1 des § 370 Abs. 1 AO praktisch leer läuft, geht auf die **„Lütt-Schule"**[41] zurück, die wie *Gaede* zu Recht bemerkt, seit 30 Jahren zur Diskussion steht,[42] ohne von der Rechtsprechung zur Kenntnis genommen oder gar erörtert zu werden. *Gaede* setzt ihr entgegen: Die dem § 370 Abs. 1 Nr. 1 AO zugrunde liegende Verhaltensnorm laute: Jedermann ist es verboten, (also nicht geboten), einen bestehenden (§ 38 AO) und vom Gesetz begründetermaßen als werthaltig begriffenen Steueranspruch zu entwerten, indem er seine Durchsetzung durch unzutreffende steuerliche Tatsa-

---

40 Jäger in Franzen/Gast/Joecks, § 370, Rn. 224c; zum Ganzen vgl. die instruktive Schrift von Wulf, Handeln und Unterlassen im Steuerstrafrecht, 2001 (zugleich Diss. Kiel 2000 aus der Schule Samson); J. Weidemann/A. Weidemann, wistra 2005, 207 ff.
41 So bezeichnet von Gaede, Der Steuerbetrug, 2016, S. 664.
42 Gaede, Der Steuerbetrug, 2016, S. 667.

chenangaben ganz oder teilweise ausschließt.[43] Dazu müsste allerdings der Straftatbestand die „Entwertung" des Steueranspruchs erfassen. Denkbar wäre, unter Verkürzung die Entwertung (eines sich gleichsam selbst realisierenden) Steueranspruchs zu verstehen; das ist offenbar die Sicht von *Gaede*, wenn er auf § 38 AO verweist, wonach der Steueranspruch mit der Verwirklichung des Steuertatbestands „entsteht". Verkürzung wäre hiernach jede Torpedierung dieses entstandenen Anspruchs in seiner Verwirklichung. Das mag für die von *Enno Becker* formulierte Fassung des § 359 RAO, der jedes **Bewirken** der Verkürzung genügen ließ, angehen, nicht aber für § 370 AO, der durch die **Verhaltensumschreibungen** in § 370 Abs. 1 Nr. 1–3 AO zum Erklärungsdelikt geworden ist. Strafbar ist nicht jede Herbeiführung einer Verkürzung, sondern nur die durch unrichtige oder unvollständige Angaben bewirkte. Gefordert sind richtige und vollständige Angaben. D. h., man darf nichts Falsches erklären (Verbot) und muss vollständig erklären (Gebot). Das sind die dem § 370 AO zugrunde liegenden Verhaltensnormen, womit sich die Sicht der „Lütt-Schule" bestätigt.

Der Einwand von *Gaede* zielt demgegenüber auf einen fiktiven Straftatbestand, der dem § 370 AO nicht entspricht.

3. Steuervorteil

Die Erlangung eines nicht gerechtfertigten Steuervorteils ist – entgegen h. M.[44] – keine gesonderte Erfolgsalternative des Steuerhinterziehungstatbestands, insbesondere nicht Auffangtatbestand für alle Gefährdungen des Steueranspruchs, die (noch) nicht auf eine Verkürzung zurückzuführen sind,[45] sondern nur die Kehrseite der Steuerverkürzung aus dem Blickwinkel des Steuerpflichtigen.[46] Das Glas ist aus der Sicht des Staates „halb leer", aus der des Pflichtigen „halb voll". Auch Steuererstattungen sind Steuerverkürzungen, so dass der „Steuervorteil" nicht als eigenständiges Tatbestandsmerkmal aufrechterhalten werden muss, um unrechtmäßige Steuererstattungen zu erfassen.[47] Wer in dem Erlassund Erstattungsverfahren (geregelt in §§ 48 ff. TabStV in der Fassung der 5. Verordnung zur Änderung von Verbrauchsteuerverordnungen) unrichtige Angaben macht und dadurch zu Unrecht Erstattungen bzw. den Erlass von Steuerforderungen erreicht, verkürzt Steuern und erfüllt damit § 370 Abs. 1 Nr. 1 AO.

---

43   Gaede, Der Steuerbetrug, 2016, S. 670.
44   Statt aller: Rolletschke, Steuerstrafrecht, Rn. 86 ff. (S. 43 f.), und in Rolletschke/Kemper, 100. Lfg. 2013, § 370, Rn. 115 ff.
45   So aber BGH v. 10.12.2008, 1 StR 322/08, wistra 2009, 114 (unrichtiger einheitlicher gesonderter Gewinnfeststellungsbescheid: zwar keine Verkürzung, aber Steuervorteil).
46   Seer in Tipke/Lang, § 23, Rn. 35; TK-Krumm, 146. Lfg. 2016, § 370 AO, Rn. 100 ff.
47   Das österreichische Finanzstrafrecht geht diesen praktischen Weg, indem es in § 33 Abs. 3 Buchst. e Finanzstrafgesetz (ÖFinStrG) unter Verkürzung neben der unzureichenden Festsetzung auch die zu Unrecht vorgenommene Erstattung oder Vergütung erfasst.

C) Das ausfüllende Steuerrecht: Die Tabaksteuer als harmonisierte Verbrauchsteuer

I. Einleitung

Die fiskalisch bedeutsamen Verbrauchsteuern[48] auf Energieträger, alkoholische Getränke und Tabak sind innerhalb der EU weitgehend **harmonisiert**,[49] allerdings nur insoweit, als die Mitgliedstaaten nicht eigene Gestaltungsspielräume – z. B. bezüglich der Steuersätze – haben. Die Tabaksteuer ist eine derartige **harmonisierte Verbrauchsteuer**, also eine solche, die in allen Mitgliedstaaten auf Tabakerzeugnisse erhoben wird. Sie wird in Deutschland – wie die anderen bundesgesetzlich geregelten Verbrauchsteuern – vom **Zoll** verwaltet.

„Harmonisierung" bedeutet Regelung durch die Europäische Union.[50] Grundlage ist **Art. 113 des Vertrages über die Arbeitsweise der Europäischen Union (AEUV):**

> *Der Rat erlässt gemäß einem besonderen Gesetzgebungsverfahren und nach Anhörung des Europäischen Parlaments und des Wirtschafts- und Sozialausschusses einstimmig die **Bestimmungen** zur Harmonisierung der Rechtsvorschriften über die Umsatzsteuern, die Verbrauchsabgaben und sonstige indirekte Steuern, soweit diese Harmonisierung für die Errichtung und das Funktionieren des Binnenmarkts und die Vermeidung von Wettbewerbsverzerrungen notwendig ist.*

Unter **„Bestimmungen"** sind alle in Art. 288 AEUV vorgesehenen Rechtsakte (Verordnungen, Richtlinien, Beschlüsse) zu verstehen. **Richtlinien** richten sich an die Mitgliedstaaten, gelten nicht unmittelbar, sondern sind in innerstaatliches Recht umzusetzen. **Verordnungen** gelten unmittelbar als innerstaatliches Recht. Das ist die **Theorie**. Die Grenzen zwischen beiden Instrumenten sind jedoch fließend. Auch Richtlinien können unter bestimmten Voraussetzungen unmittelbare Wirkung entfalten.[51] Außerdem haben innerstaatliche Gerichte innerstaatliches Recht richtlinienkonform auszulegen, wobei sie entgegen deutscher Methodenlehre innerstaatliches Recht über die Wortlautgrenze hinaus fortbilden dürfen. Dazu hat die deutsche Rechtsprechung das Institut der **„planwidrig unvollständigen"** innerstaatlichen Umsetzung erfunden. Hat innerstaatliches Recht die Richtlinie versehentlich nicht vollständig umgesetzt, darf das Gericht diese „Lücke" schließen.[52]

---

48 Zum Folgenden vgl. Englisch in Tipke/Lang, § 16 (S. 729 ff.).
49 Vgl. Fröhlich, Verbrauchsteuerrechtliche Grundsätze im Handel mit Drittländern, veröff. am 17. 10. 2008 auf der Homepage der FHS des Bundes für öffentliche Verwaltung, 3 ff.; Bongartz in Europa im Wandel, Rechtsfragen aus Lehre und Forschung, 2000, herausg. von Bongartz, 35 ff. (42 ff.).
50 Zum Folgenden Jatzke, Europäisches Verbrauchsteuerrecht, A 1 ff.
51 Jatzke, Europäisches Verbrauchsteuerrecht, A 4.
52 Nachweise bei Weidemann, wistra 2013, 422 f. (423).

Das **Zollrecht** wird durch **Verordnungen** (z. B. die diversen Zollkodices), die **Verbrauchsteuern** werden dagegen durch **Richtlinien** geregelt.

Nach Art 267 AEUV entscheidet der EuGH auf Vorlage eines Gerichts des Mitgliedstaats im Wege der **Vorabentscheidung** (u. a.) über die Auslegung der Rechtsakte der Union, also auch über die Auslegung von Richtlinien. Das letztinstanzliche innerstaatliche Gericht ist zur Vorlage verpflichtet, die übrigen Instanzen sind zur Vorlage berechtigt, was diesen ungeahnte Möglichkeiten eröffnet, durch „Spielen über die Bande", eine von ihnen nicht gebilligte Rechtsprechung höherer (innerstaatlicher) Instanzen auszuhebeln.[53]

Der Umgang mit europäischen **Richtlinien, Urteilen des EuGH** und den **Schlussanträgen** der Generalanwälte (sie haben die Funktion von Voten) ist schon aus sprachlichen Gründen schwierig. Es kursieren in der EU seit dem Beitritt Kroatiens 2013 nunmehr **24 Amtssprachen**. Die Rechtsakte der Union, also auch die Urteile des EuGH, werden in den in allen Amtssprachen erscheinenden Amtsblättern veröffentlicht und können bei **Eur-Lex** abgerufen werden. Keine Amtssprache ist „die verbindliche". In welcher Sprache das Urteil abgefasst wird, richtet sich nach der Sprache, in der verhandelt wurde. Die Verhandlungssprache kann bei Eur-Lex abgelesen werden. Bei der Übersetzung in andere Amtssprachen können sich Übersetzungsfehler einschleichen.[54]

Auch die Arbeit mit **Richtlinien** ist nicht problemlos. Man kann an sie nicht wie an deutsche Gesetze herangehen. Bei Auslegungsproblemen empfiehlt es sich, auch in die Fassung anderer Amtssprachen reinzuschauen. Näheres unter **C.IV.1.b)** (Entnahme) **und C.V.4.a)** (Gewerbliche Verbringung).

Richter und Generalanwälte kommen aus unterschiedlichen Rechtskreisen. Urteile und Schlussanträge sind nicht immer so stringent abgefasst, wie wir es vom deutschen Recht gewohnt sind.

Nur harmonisierte Verbrauchsteuern werden von § 370 Abs. 6 Satz 2 AO erfasst, nicht dagegen solche, die nur in einzelnen Mitgliedstaaten erhoben werden, wie z. B. die italienische Bananensteuer, die dänische Kraftfahrzeugsteuer oder die deutschen Kaffee-, Kernbrennstoff-[55], Alkopopsteuern. Die Stromsteuer wurde 1999 als nicht harmonisierte Verbrauchsteuer eingeführt, seit der RL 2003/96 gehört sie zu den harmonisierten Verbrauchsteuern.[56]

---

53 So ist es z.B. dem LAG Düsseldorf, also einer Mittelinstanz, gelungen, über die Vorlage v. 2.8.2006, 12 Sa 486/06, juris, an den EuGH die bis dahin herrschende Urlaubsrechtsprechung des BAG zu revolutionieren, EuGH v. 20.1.2009, C-350/06 u. a., juris.
54 Beispiel: In EuGH v. 5.3.15, C 175/14, wistra 2016, 19 ff., mit Anm. Leplow, wistra 2016, 20 f. und 77 f., heißt es in der deutschen Fassung, dass der Steueranspruch entsteht, in Wirklichkeit ging es um Fälligkeit, näher Weidemann, wistra 2016, 209 ff.
55 Die Kernbrennstoffsteuer ist durch BVerfG v. 13.4.2017, 2 BvL 6/13, wegen fehlender Gesetzgebungskompetenz des Bundes aufgehoben.
56 BSS-Schröer-Schallenberg, J 1.

Das Vierte Gesetz zur Änderung von Verbrauchsteuergesetzen vom 15.7.2009[57] hat die Richtlinie 2008/118/EG des Rates vom 16.12.2008 (Systemrichtlinie, vgl. § 4 Nr. 1 TabStG) in nationales Recht umgesetzt und u.a. auch das Tabaksteuergesetz neu gefasst.

Das fünfte Gesetz zur Änderung von Verbrauchsteuergesetzen vom 21.12.2010[58] setzt weitere europäische Richtlinien um, enthält für das Steuerstrafrecht keine wesentlichen Änderungen, bemüht sich aber immerhin, durch Ausweitung der EU-weiten Mindestkriterien die „Preispreizung bei Zigaretten" innerhalb der Europäischen Union und damit, was allerdings in der Begründung nicht ausgesprochen wird, die Anreize zur zwischenstaatlichen Verbringung einzudämmen.[59]

Die Tabaksteuer kann **innerstaatlich**, durch **Einfuhr** und durch **Verbringung** aus dem freien Verkehr anderer Mitgliedstaaten entstehen.

Steuertatbestand und Straftatbestand haben eines gemeinsam: Ihre Voraussetzungen müssen jeweils genau feststehen. Eine „Wahlfeststellung" – wenn nicht Einfuhr, dann eben Verbringung, eines von Beiden wird es schon sein – gibt es nicht, weder im Strafrecht, noch im Abgabenrecht.

Abgabenrechtlich muss feststehen, worauf der Steuerbescheid gründet. Die Finanzbehörde trifft die **„Feststellungslast"**. Es geht also nicht an, dass das HZA im FG-Prozess gleichsam „alternativ" vorträgt, „wenn nicht Einfuhr, dann eben Verbringung aus einem Mitgliedstaat, in jedem Fall ist Tabaksteuer angefallen." Einfuhrabgaben (Zoll, Einfuhrumsatzsteuer, Einfuhrtabaksteuer) setzen einen Einfuhrtatbestand voraus; kann er nicht nachgewiesen werden, ist der Bescheid rechtswidrig und wird aufgehoben.[60] Das Gleiche gilt für die anderen Steuertatbestände „Verbringen aus anderen Mitgliedstaaten" und „innerstaatliche Entstehung".

Das Entsprechende statuiert der BGH für das **Strafrecht**, in einem Urteil betreffend Beihilfe zur Biersteuerhinterziehung: Es genügt nicht, dass das Bier „zu irgendeinem Zeitpunkt" in einem Mitgliedstaat der Union aus dem Verfahren der Steueraussetzung entnommen wurde, sondern es muss schon konkret festgestellt werden, wo, wann und unter welchen Umständen dies durch wen geschah, andernfalls steht die Haupttat, zu der Beihilfe geleistet worden sein soll, nicht fest.[61]

Einfuhr ist der Eingang der Ware aus einem Drittland in das Gebiet der Gemeinschaft, also in das deutsche Steuergebiet oder in das eines anderen Mitgliedstaates der Gemeinschaft. Für die Einfuhr gelten die Zollvorschriften, bezüglich der

---

57 BGBl. I 2009, 1870.
58 BGBl. I 2010, 2221; Gesetzentwurf der Bundesregierung mit Begründung, BT-Drucks. 17/3025.
59 Gesetzesbegründung, A.I.1, (S.11).
60 Vgl. die unter A.III.1.b) (Vorfragenkompetenz) schon erwähnte Entscheidung FG Hamburg, v. 23.6.2017, 4 K 217/16, juris.
61 BGH v. 23.1.2019, 1 StR 450/18, wistra 2019, 243.

Tabaksteuer allerdings nicht für deren Entstehung. Der Einfuhrtatbestand ist für die **Tabaksteuer eigenständig** geregelt. Nur bei Einfuhr entstehen Einfuhrabgaben, also Zoll, Einfuhrtabaksteuer und Einfuhrumsatzsteuer. Keine Einfuhr ist das Verbringen von Waren aus einem anderen Mitgliedstaat in das deutsche Steuergebiet. Gelangen Tabakerzeugnisse also z. B. von Ungarn nach Deutschland, gelten nicht die Zollvorschriften, sondern die Verbringungsregeln des deutschen TabStG.[62] Es entstehen die Tabaksteuer als Verbringungsteuer und naturgemäß keine Einfuhrabgaben, also kein Zoll und keine Einfuhrumsatzsteuer.[63]

Die Zöllner pflegen zu sagen, dass Ware in die EU „verbracht" wird. Im Verbrauchsteuerrecht ist dies missverständlich. Um der Klarheit willen sollte man im Gegensatz zur herrschenden Terminologie bei Eingang der Ware von einem Drittland in die EU nicht von Verbringen sprechen, sondern von **Einfuhr**; „**Verbringen**" sollte dem Wareneingang **aus einem anderen Mitgliedstaat** vorbehalten sein.

Entstehungstatbestände und Steuerschuldner sind bei der Einfuhr in § 21 TabStG, beim Verbringen aus anderen Mitgliedstaaten in § 23 TabStG und bei innerstaatlicher Entstehung – unabhängig davon, ob es sich um rechtmäßige oder unrechtmäßige Tatbestände handelt – in § 15 TabStG zusammengefasst. Diese Vorschrift hat im Vergleich zur bisherigen Regelung einen vollständig neuen Aufbau erhalten. Der Kreis der Steuerschuldner ist verändert und erweitert. So sind etwa Personen, die unrechtmäßige Handlungen vornahmen bzw. an diesen beteiligt waren, von Haftungs- zu Steuerschuldnern geworden. Wesentlicher Grund hierfür ist, dass in der neuen Systemrichtlinie nun EU-weit die Steuerschuldner – unabhängig von bestimmten Auslegungsmöglichkeiten – einheitlich vorgegeben werden.[64]

---

62 Zum Unterschied zwischen Einfuhr und Verbringen aus einem anderen Mitgliedstaat vgl. Fröhlich, Verbrauchsteuerrechtliche Grundsätze im Handel mit Drittländern, Homepage FHS des Bundes, 12 f.
63 Witte, Zollkodex, 6. Aufl., vor Art. 201, Rn. 14; BGH v. 1. 2. 2007, 5 StR 372/06, wistra 2007, 224 = NStZ 2007, 590, Rn. 12: Der Begriff der Einfuhrabgaben setzt einen Einfuhrvorgang voraus. Einfuhrabgaben sind die Zölle, die von Deutschland für die EU verwaltet werden, sowie deutsche Einfuhrumsatz- und Einfuhrtabaksteuer, die über die Verweisungsvorschriften (§§ 1 Abs. 1 Nr. 4, 21 Abs. 2 UStG und – früher – § 21 Satz 1 TabStG a. F., heute 21 Abs. 3 Satz 1 TabStG) anlässlich eines Einfuhrvorgangs erhoben werden. Einfuhr ist nicht das Verbringen der Ware von einem Mitgliedstaat in den andern. Darauf muss der BGH die Instanzgerichte immer wieder hinweisen, vgl. BGH v. 18. 1. 2011, 1 StR 561/10, wistra 2011, 191, m. Anm. Weidemann, wistra 2011, 309; zur Terminologie (Europäische Union, EG, EU usw.) vgl. Witte, UZK, 7. Aufl., § 1, Rn. 11. Es ist schon erstaunlich, dass – nachdem zahlreiche BGH-Entscheidungen zur Unterscheidung zwischen Einfuhr und Verbringung aus einem anderen Mitgliedstaat ergangen sind – die Tatgerichte noch immer in diese Falle tappen, zuletzt das LG Lübeck, vgl. BGH v. 11. 7. 2019, 1 StR 620/18.
64 Vgl. die Begründung des Gesetzesentwurfs, BT-Drucksache 16/12257, S. 79, zu § 15.

II. Die verwaltende Behörde: Der Zoll

1. Historisches

Zur **Geschichte der Finanzverwaltung** in der NS-Zeit: **Christiane Kuller**, Bürokratie und Verbrechen, Antisemitische Finanzpolitik und Verwaltungspraxis im nationalsozialistischen Deutschland, München 2013, überarbeitete Fassung der Habilitationsschrift Universität München. Die Schrift enthält (S. 32 ff.) auch detaillierte Nachweise zum Aufbau der FinVerw in der Weimarer Republik (aufschlussreich – und zugleich etwas entzaubernd – die Passage S. 136 über die Bedeutung des aus der Gerichtsbarkeit der Weimarer Republik hervorgegangenen Schöpfers der RAO, **Enno Becker**, für die nationalsozialistische Auslegung der Steuergesetze: Die Beachtung der „Wirklichkeit" als Voraussetzung für eine „gesunde Rechtsanwendung", so schon in der 2. Aufl. 1922, Zitat hier nach der 7. Aufl. 1930, S. 51). Von da aus war es nicht weit bis zu dem auf Betreiben des damaligen Staatssekretärs Reinhardt erlassenen Steueranpassungsgesetz von 1934, nach dessen § 1 die Steuergesetze nach nationalsozialistischer Weltanschauung auszulegen waren. Einzelne – als „ideologiefrei" empfundene – Regelungen wurden in die AO übernommen.

Steuerverwaltung und **Zollverwaltung**[65] sind heute getrennt.[66] Es gibt nicht mehr den (zugleich Bundes- wie Landesbeamten) „Oberfinanzpräsidenten" als Chef der Zoll- und Steuerverwaltung der Oberfinanzdirektion mit der Untergliederung Finanzpräsident Zoll und Finanzpräsident Steuer.[67] So sah die Organisation der Finanzverwaltung nach dem 2. Weltkrieg aus:

---

65 Der Begriff Zoll geht auf griechisch telos und lateinisch teloneum (Abgabe) zurück, Witte/Wolffgang, A 1000; das französische douane ist arabischen Ursprungs und leitet sich von „Diwan" (Kanzlei, Büro, Amt) her. Über das Französische gelangten Diwan (Douane nach Europa). Quelle: Raja Tazi, Arabismen im Deutschen, 1998, 155; zum arabischen Einfluss auf das Steuerrecht vgl. Weidemann, wistra 2013, 135 ff.

66 Aus dem Bericht des Bundesrechnungshofs, Bemerkungen 2012 zur Haushalts- und Wirtschaftsführung des Bundes, S. 165, zu 17.3.2: „Die Bundeszollverwaltung erhebt die Zölle und die bundesgesetzlich geregelten Verbrauchsteuern einschließlich der Einfuhrumsatzsteuer. Sie überwacht die Einhaltung von Verboten und Beschränkungen für den grenzüberschreitenden Warenverkehr und führt zur Bekämpfung internationaler Geldwäsche Bargeldkontrollen durch. Gemeinsam mit der Bundespolizei nimmt sie außerdem grenzpolizeiliche Aufgaben wahr und führt dazu Personenkontrollen an der EU-Außengrenze (einschließlich Flughäfen und Küste) durch. Mit ihrem Zollfahndungsdienst bekämpft sie die Zollkriminalität. Die Zollverwaltung ist außerdem als Vollstreckungsbehörde des Bundes damit beauftragt, über die zolleigenen Forderungen hinaus auch die Ansprüche anderer Bundesstellen durchzusetzen. Außerdem ist sie ressortübergreifend als eine zentrale Beschaffungsstelle der Bundesverwaltung tätig …".

67 Die stets für Überraschungen sorgende Examensfrage, „wer ist zugleich Bundes- wie Landesbeamter, und von wem erhält er sein Gehalt?" ist aus dem Repertoire des Prüfers für Beamtenrecht gestrichen.

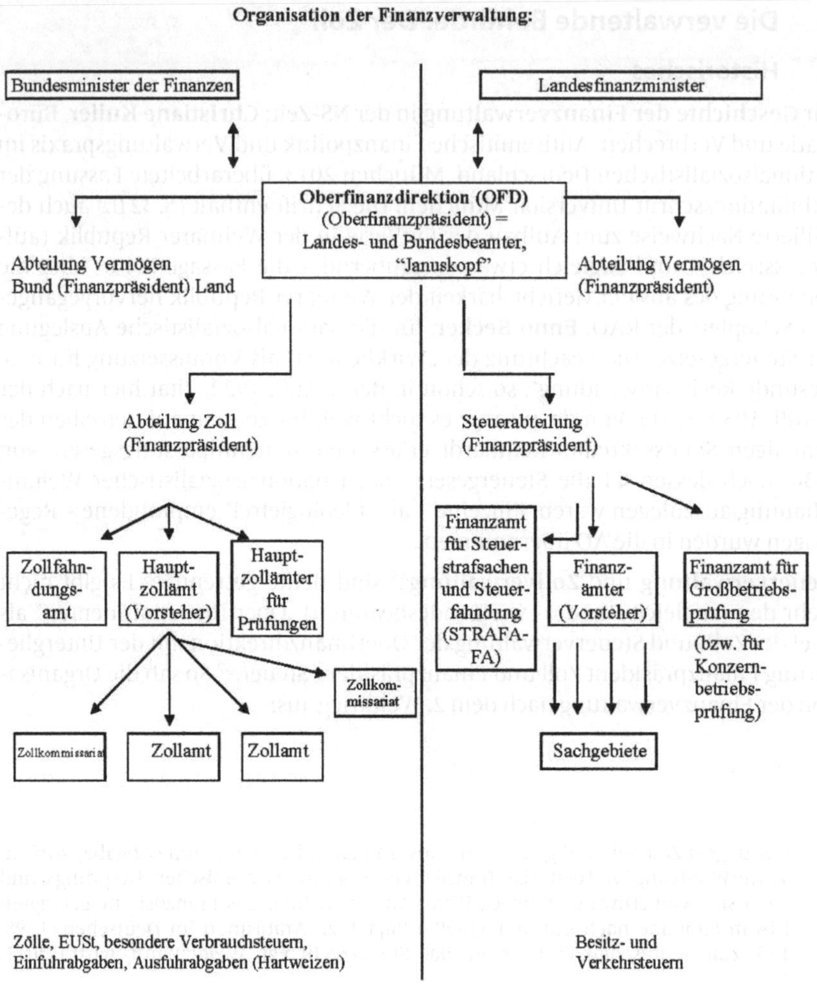

Die Tabaksteuer als harmonisierte Verbrauchsteuer

Organisation der Finanzverwaltung:

```
Bundesminister der Finanzen                    Landesfinanzminister

                    Oberfinanzdirektion (OFD)
                    (Oberfinanzpräsident) =
                    Landes- und Bundesbeamter,
Abteilung Vermögen      "Januskopf"           Abteilung Vermögen
Bund (Finanzpräsident) Land                   (Finanzpräsident)

    Abteilung Zoll                      Steuerabteilung
    (Finanzpräsident)                   (Finanzpräsident)

                                    Finanzamt
                                    für Steuer-
Zollfahn-  Haupt-    Haupt-          strafsachen    Finanz-      Finanzamt für
dungs-     zoll-     zollämter       und Steuer-   ämter         Großbetriebs-
amt        amt       für             fahndung      (Vorsteher)   prüfung
           (Vorsteher) Prüfungen     (STRAFA-                    (bzw. für
                                      FA)                        Konzern-
                          Zollkom-                               betriebs-
                          missariat                              prüfung)

Zollkommissariat  Zollamt  Zollamt              Sachgebiete


Zölle, EUSt, besondere Verbrauchsteuern,        Besitz- und
Einfuhrabgaben, Ausfuhrabgaben (Hartweizen)     Verkehrsteuern
```

Abb. 2: *Organisation der Finanzverwaltung*
Quelle: Eigene Darstellung

Diese OFDs alter Ordnung sind heute aufgelöst. Der Zoll (vgl. § 1 FinVerwG a. F.) gliederte sich zunächst in 5 **Bundesfinanzdirektionen** (Hamburg, Nürnberg, Potsdam, Köln, Neustadt/W) mit einem Präsidenten an der Spitze). Zusammen mit dem **Zollkriminalamt** in Köln (früher Zollkriminalinstitut) waren sie die Mittelbehörden der Zollverwaltung. Oberste Bundesbehörde ist nach wie vor der Bundesminister der Finanzen. Die Zusammenfassung von Zoll- und Steuerverwaltung in einer Mittelbehörde war ohnehin anachronistisch und nur historisch zu erklären. In der nach dem 1. Weltkrieg gegründeten Reichsfinanzverwaltung (Erzbergersche Reform) waren Zoll und Steuern zusammengefasst. Die

Mittelbehörden hießen Landesfinanzämter, ab 1937 nannte sich die Behörde „Der Oberfinanzpräsident" mit Landeszusatz (z. B. Baden oder Hessen), nach dem Krieg war die Oberfinanzdirektion Mittelbehörde des Zolls und der Steuer sowie der Bundes- und Landesvermögensverwaltung.

Da heute die Verwaltung von Besitz und Verkehrsteuern Ländersache ist, besteht keine Veranlassung, beide Verwaltungen unter einem gemeinsamen Dach von mehreren Mittelbehörden, den OFDs, unterzubringen. Es hat lange gebraucht, bis sich diese Erkenntnis in Taten umsetzte.

Die **Oberfinanzdirektion** (OFD) ist jetzt nur noch eine Mittelbehörde der Landesfinanzverwaltung in Deutschland. Die Oberfinanzdirektion steuert und unterstützt Finanzämter und Staatliche Hochbauämter in ihrem Zuständigkeitsbereich als ihr nachgeordnete Ämter.

Übergeordnete Behörde ist das Landesfinanzministerium des jeweiligen Bundeslandes. Im Zuge der Verschlankung der Verwaltung wurden in einigen Bundesländern (beispielsweise Berlin, Hamburg, Mecklenburg-Vorpommern) die Landesabteilungen der Oberfinanzdirektionen aufgelöst und deren Aufgabengebiete direkt in die jeweilige Landesfinanzverwaltung eingegliedert. In Thüringen wurde die ehemalige Oberfinanzdirektion Erfurt in die Thüringer Landesfinanzdirektion überführt, in Bayern existiert anstatt der vorigen OFDen München und Nürnberg das Bayerische Landesamt für Steuern.

Finanzämter, Hauptzollämter und Zollämter haben als Leiter **„Vorsteher"**, eine Amtsbezeichnung, die sich aus der preußischen Verwaltung herleitet. Offenbar um sich einen modernen Anstrich zu geben, verwenden die Behörden zunehmend „Leiter" statt Vorsteher, nicht bedenkend, dass dieser Begriff ein gewisses preußisches unterstatement in sich trägt, oder auch einen Hauch von Bescheidenheit, der einer modernen Verwaltung gut ansteht. Die negativ besetzte Figur des „Wehrhahn" im Biberpelz von G. Hauptmann ändert daran nichts.

2. Die Generalzolldirektion

Aus der Homepage des BMF:[68]

> *„Die Generalzolldirektion (GZD) ist eine zum 1. Januar 2016 gegründete Bundesoberbehörde im Geschäftsbereich des Bundesministeriums der Finanzen (BMF) und für die operative Steuerung der Zollverwaltung mit ihren insgesamt 39.000 Beschäftigten zuständig. Geleitet wird die Generalzolldirektion von ihrem Präsidenten ... Unterstützt wird er dabei von einem neunköpfigen Direktionskollegium.*
>
> *Sie erfüllt Aufgaben, **die zuvor auf das BMF, die Bundesfinanzdirektionen** und das Zollkriminalamt als Mittelbehörden sowie das Bildungs- und Wissenschaftszentrum der Bundesfinanzverwaltung (BWZ) verteilt waren. Gemeinsam mit ihren bundesweit 43 Hauptzollämtern und nachgeordneten Zollämtern sowie acht Zollfahndungsämtern sorgt die Generalzolldirektion für noch mehr Service und Sicherheit für Bürger und Wirtschaft vor Ort.*

---

68 Vgl. hierzu ZfZ-aktuell, ZfZ 2016, 29 f.: Generalzolldirektion in Bonn; Weerth. ZfZ 2016 142 ff.

Zeitgleich mit der Einrichtung der GZD wurden die ehemaligen Bundesfinanzdirektionen als Mittelbehörden aufgelöst. Die allgemeinen Verwaltungsaufgaben der Mittelbehörden und des BWZ werden in der GZD in Zentraldirektionen gebündelt und die fachspezifischen Aufgaben von den Fachdirektionen (vgl. Organisationsplan der Generalzolldirektion) in enger Zusammenarbeit mit den Zollbehörden auf Ortsebene ausgeübt. Durch die Bündelung von Aufgaben in der GZD und den Wegfall der Mittelbehörden gewonnene Synergien kommen der Stärkung der Ortsebene mit zugute.

Der GZD gehören bundesweit rund 7.000 Beschäftigte an. Hauptsitz der GZD ist Bonn. Daneben unterhält sie weitere Dienstsitze an einer Vielzahl von Standorten im Bundesgebiet, darunter in Hamburg, Potsdam, Köln, Neustadt a.d.W., Nürnberg und Münster."

Ferner:

„Für die zentrale Steuerung der vielfältigen Fachbereiche des Zolls sind die Direktionen III bis IX zuständig.

Direktion III – Allgemeines Steuerrecht und Kontrollen

Direktion IV – Verbrauchsteuer- und Verkehrsteuerrecht sowie Prüfungsdienst

Direktion V – Allgemeines Zollrecht

Direktion VI – Grenzüberschreitender Warenverkehr und Besonderes Zollrecht

Direktion VII – Finanzkontrolle Schwarzarbeit

Direktion VIII – Zollkriminalamt

Direktion IX – Bildungs- und Wissenschaftszentrum."

Der Präsident der GZD wird nach B 9 besoldet, der Vizepräsident nach B 7, die Direktionspräsidenten nach B 6. Die GZD mit Sitz in Bonn gliedert sich in 9 Direktionen, die ihren Sitz in Münster, Köln, Nürnberg, Hamburg, Neustadt/Weinstr., Potsdam haben.

3. Das Zollkriminalamt

Es ist die Direktion VIII der GZD mit Sitz in Köln und die Zentrale des deutschen Zollfahndungsdienstes, dessen Hauptaufgabe die Verfolgung und Verhütung der mittleren, schweren und organisierten Zollkriminalität ist. Es koordiniert und lenkt die Ermittlungen der angeschlossenen acht **Zollfahndungsämter** in Berlin, Dresden, Essen, Frankfurt am Main, Hamburg, Hannover, München und Stuttgart. In besonders bedeutenden Fällen können Ermittlungen auch vom Zollkriminalamt selbst durchgeführt werden. Die Zollfahndungsämter sind – wie die Hauptzollämter – örtliche Behörden der Zollverwaltung. Sie sind für die Ermittlung von den der Zollverwaltung zur Verfolgung zugewiesenen Straf- und Ordnungswidrigkeitentatbeständen zuständig.

Die verwaltende Behörde: Der Zoll

Im Gegensatz zur Steuerfahndung[69] sind die Zollfahndungsämter im Gesetz als Behörden erwähnt, so z.B. in § 1 Nr. 3 und § 12 Abs. 1 FinVerwG, ferner in § 404 Satz 1 AO und in § 6 Abs. 2 Nr. 5 AO. Sie sind zwar Finanzbehörden i.S. von § 6 Abs. 2 Nr. 5 AO, nicht aber i.S. des dritten Abschnitts der AO: Da die Zollfahndungsämter in § 386 Abs. 1 Satz 2 AO nicht mit aufgezählt sind, sind sie nicht Finanzbehörden i.S. der strafverfahrensrechtlichen Vorschriften der AO. Das sind nur die Hauptzollämter. Die Zollfahndung ist (wie die Steuerfahndung) „nur Kriminalpolizei" des Zolls. Die ZFÄ verwalten keine Steuern, so dass aus § 387 AO für sie keine Zuständigkeit zur Verfolgung von Steuerstraftaten abgeleitet werden kann;[70] die Beamten der Zollfahndungsämter sind Ermittlungspersonen der Staatsanwaltschaft, und nicht zur Ermittlung nach § 386 AO befugt. Rede-, Frage- und Unterrichtungsrecht nach § 407 AO stehen nur dem Hauptzollamt, nicht der Zollfahndung zu. Wichtig für die Verteidigung: Beamte der Zollfahndung haben **kein Vortrags- und Fragerecht** in der Hauptverhandlung. Für die StA empfiehlt es sich, frühzeitig Kontakt zur Finanzbehörde, d.h. zum Hauptzollamt, aufzunehmen und zu halten, damit Hauptverhandlungstermine durch einen i.S. des § 407 AO berechtigten Vertreter wahrgenommen werden: Für den Sitzungsvertreter ist es leichter, wenn das HZA sein Vortrags- und Fragerecht selbst ausübt, als wenn der Beamte nur als „Büchsenspanner" des Staatsanwalts fungiert.

Frage: Was tun aus der Sicht der Verteidigung, wenn dennoch ein Beamter der Zollfahndung die Finanzbehörde in der Hauptverhandlung vertreten will und das Gericht dies zulässt? Die Lage ist vergleichbar mit der Zulassung eines in Wirklichkeit nicht berechtigten Nebenklägers. Beruhenseignung im Sinne der Revision wird nicht gegeben sein, so dass sich **die Beschwerde** eröffnet. § 305 StPO ist nicht einschlägig, weil die Zulassung nicht nach § 336 StPO mit überprüft wird. Beide Bestimmungen korrespondieren miteinander: Nur was revisibel ist, ist der Beschwerde entzogen. M.E. ist Beschwerde statthaft.[71]

Das Hauptzollamt entspricht als örtliche Finanzbehörde dem Finanzamt, die Finanzämter für Strafsachen und Steuerfahndung haben ihre Pendants in den Zollfahndungsämtern. Letztere verwalten (wie die Strafsachenfinanzämter) keine Steuern.[72]

---

69 Zur Einflussnahme der Politik auf die Steuerverwaltung, insbesondere die Fahndung, vgl. den Bericht eines Steuerfahnders: Schlötterer, Macht und Missbrauch, Aufzeichnungen eines Ministerialbeamten, 2009; oder auch die Geschichte des Steuerfahnders Förster aus St. Augustin, der die Parteispendenaffäre ins Rollen brachte, gegen den Willen seiner Vorgesetzten (der damalige Oberfinanzpräsident persönlich suchte Förster zu motivieren, die Sache fallen zu lassen) fortführte, versetzt wurde, schließlich frustriert aus dem Dienst des Landes NRW ausschied und Steueranwalt wurde, vgl. Spiegel Nr. 46/82 v. 5.11.1982.
70 Bender/Möller/Retemeyer, Steuerstrafrecht, 20. Lfg., D 76.
71 Näheres bei Weidemann, Die Stellung der Beschwerde im funktionalen Zusammenhang der Rechtsmittel des Strafprozesses, 1999, 370 ff.
72 Die auf Länderebene eingerichteten Finanzämtern für Strafsachen und Steuerfahndung (in NRW: StraFAFA), die die Abteilung Fahndung, „Steuerpolizei" und die früheren Strafsachenstellen, „Steuerstaatsanwaltschaft" (Strabu = oder Bustra) um-

III. Steuergegenstand

Der Steuergegenstand ist in § 1 TabStG umschrieben. Es sind Tabakwaren im Steuergebiet der Bundesrepublik Deutschland (ohne Büsingen und Helgoland). Die Tabakwaren sind in § 1 Abs. 2 TabStG näher definiert: Zigarren/Zigarillos, Zigaretten und Rauchtabak.[73]

„Zigarette" ist auch eine sog. „Notfallzigarette", d. h. eine handelsübliche Filterzigarette in Glasröhre mit Aufschrift „In Emergency Break Glas". Die Eigenschaften dieser Zigarette, insbesondere ihre unmittelbare Rauchbarkeit, werden durch die Umhüllung nicht beeinträchtigt. Das Merkmal der Unmittelbarkeit bezieht sich nämlich – wie sich aus den beiden übrigen Varianten der Zigarettendefinition ergibt – auf den Tabakstrang an sich und nicht auf dessen Umhüllung. Anders wäre es, wenn die Umschließung die Rauchbarkeit aufheben würde, so etwa, wenn der Tabakstrang fest in einen Acrylblock eingegossen wäre.[74] Das heißt allerdings längst nicht, dass es zollrechtlich synchron laufen muss, denn für die Festsetzung der Zollschuld ist die KN (kombinierte Nomenklatur) maßgebend, dazu unter C.IX bei Berechnung der Steuer, hier: des Zolls.[75]

Rauchtabak ist geschnittener oder anders zerkleinerter oder gesponnener oder in Platten gepresster Tabak, der sich ohne weitere industrielle Bearbeitung zum Rauchen eignet. Zu letzterem (§ 1 Abs. 2 Nr. 3 TabStG) gehört auch Wasserpfeifentabak (Shishatabak).[76]

Tabakrollen mit einem äußeren Deckblatt aus natürlichem Tabak, das teilweise von einer zusätzlichen Schicht aus Papier umhüllt ist, sind Zigarren/Zigarillos. Die zusätzliche Schicht aus Papier hindert dies nicht, auch wenn sie optisch den Eindruck als Zigarette hervorrufen könnte.[77]

---

fassen, haben in der Bundesfinanzverwaltung keine Entsprechung. Vielmehr ist die Fahndung in die Zollfahndungsämter ausgegliedert, die Strafsachenstelle ist dagegen beim HZA verblieben. Damit liegt die Strafsachenstelle bei Ämtern, die auch Steuern verwalten. Die StraFAFA sind dagegen reine Strafsachenämter, verwalten keine Steuern. Zur Frage der – m. E. durchaus problematischen – Zulässigkeit solcher Ämter vgl. Stefan Cassone, Die Zulässigkeit einer gesonderten Steuerstrafverfolgung, 2009 (Verf. hält sie uneingeschränkt für zulässig); zweifelnd Hellmann, Nebenstrafverfahrensrecht, 140 ff.

73 Näher BSS-Bongartz, K 1 ff.; Jatzke, Europäisches Verbrauchsteuerrecht, E 1 ff.
74 FG Hamburg v. 17. 8. 2018, 4 K 162/16, juris.
75 FG Hamburg v. 17. 8. 2018, 4 K 162/16, juris, Rn. 36 ff.
76 BGH v. 27. 7. 2016, 1 StR 19/16, wistra 2017, 74 ff., mit krit. Anm. Ebner, HFR 2017, 183: Entscheidend ist allein, dass sich die Ware objektiv ohne weitere industrielle Bearbeitung (Beimischung anderer Stoffe schadet wegen § 1 Abs. 8 Satz 1 TabStG nicht) zum Rauchen eignet; so insbes. EuGH v. 6. 4. 2017, C 638/15 (Eco-Tabak), juris; auf lebensmittelrechtliche Zulässigkeit, qualitative Beeinträchtigung infolge Ablaufs des Haltbarkeitsdatums o. ä. kommt es nicht an, FG Hamburg v. 7. 10. 2008, 4 K 124/08, juris; Nichtzulassungsbeschwerde unzulässig, BFH v. 30. 4. 2009, VII B 243/08. Zur Rauchgeeignetheit im Einzelnen Weidemann, wistra 2019, 122 ff.
77 EuGH v. 11. 04. 2019, C-638/17.

Probleme der Shisha-Bars: Sie kaufen Tabak in Großpackungen und geben ihn in Kleinmengen ab, mit denen die Pfeifenköpfchen befüllt werden. Außerdem mischen sie ihn mit anderen Stoffen wie etwa Melasse oder Glycerin und feuchten ihn nach. Der Verkauf in Kleinmengen löst dann Steuer aus, wenn die Kleinmengen teurer verkauft werden, als es die Großpackung zulässt. Es kommt darauf an, ob das Gewicht der Kleinmenge preismäßig dem entsprechenden Bruchteil der Großpackung entspricht. Dann ist nach § 28 Abs. 1 Satz 2 TabStG die Differenz zu versteuern. Steuerschuldner und erklärungspflichtig ist der Händler, d.h. der Betreiber der Bar, § 28 Abs. 1 Satz 3 und 4 TabStG. Er erfüllt § 370 Abs. 1 Nr. 2 AO, wenn er nicht erklärt.

Das **Mischen** mit anderen Stoffen hat zwei Konsequenzen: zum einen wird die Menge erhöht, zum andern entsteht ein neuer Stoff.[78] Beides macht den Betreiber zum Hersteller ohne Erlaubnis nach § 6 Abs. 1 Satz 2 TabStG. Das wiederum löst Steuer nach § 15 Abs. 1, Abs. 2 Nr. 2 TabStG aus, womit der Betreiber nach §§ 15 Abs. 4 Nr. 2, 17 Abs. 3 TabStG Steuerschuldner und erklärungspflichtig wird. Wenn der Betreiber dies vermeiden möchte, muss er mit Steuerzeichen versehene Kleinverkaufspackungen beziehen, aus denen er die Pfeifen – ohne Mischung mit Feuchtmitteln – bestückt. Freilich wird sich dies kaum rechnen.[79]

Problematisch ist die **„weitere industrielle Bearbeitung"**. Die Ansicht der im Haftbeschwerdeverfahren ergangenen Entscheidung LG Hagen vom 31.8.2018, die Raucheignung erst annimmt, wenn der Tabak als „Genussmittel" verwendet werden kann, findet im Gesetz keine Stütze.[80] Es ging um **Tobacco Strips**, d.h. um getrocknete Tabakblätter, die „entrippt" aber noch nicht fermentiert waren. Die StA (offenbar im Anschluss an den Zoll) hatte sich darauf gestützt, dass die Blätter mit der Hand zerbröselt und dementsprechend in der Pfeife geraucht, d.h. nach Entzündung inhaliert werden können. Das entspricht bisher herrschender Rechtsprechung. Es ist auch nicht nötig, dass zur Prüfung der Rauch-

---

78 Wann „Mischen" zur Herstellung führt, ist nicht ganz eindeutig. Nach der Negativliste des § 4 Abs. 3 Satz 2 Nr. 6 TabStV ist das Mischen, Aromatisieren und Pressen von Rauchtabak keine Herstellungshandlung. Das FG Hamburg v. 14.7.2016, 4 V 111/16, juris, sagt hierzu: Die in § 4 Abs. 3 Satz 2 Nr. 6 TabStV aufgezählten Handlungen seien nach dem Sprachgebrauch durchaus Herstellungshandlungen. Somit gehe die TabStV von einem weiten Herstellungsbegriff aus, andernfalls ergebe die Negativliste keinen Sinn. Jedenfalls stehe die Mischung mit Glycerin nicht auf der Negativliste, die Herstellung ausschließt, weil dies über das bloße „Aromatisieren" hinausgehe. Zwingend ist das nicht, denn die TabStV spricht vom „Mischen" schlechthin, ohne einzuschränken, womit gemischt wird. Die Frage bedarf offensichtlich höchstrichterlicher Klärung.
79 Näher Weidemann, wistra 2019, 122 ff. (126 f.).
80 LG Hagen v. 31.8.2018, 71 Qs 16/18, juris; im Einzelnen hierzu Roth, PStR 2019, 157 f.; Ebner, jurisPR-SteuerR 26/2019 Anm. 4, auch zu dem eigenartigen Verfahren des Gerichts, seiner Entscheidung ein von der Verteidigung vorgelegtes „Rechtsgutachten" zugrundezulegen, wo es doch allenfalls um eine Sachverständigenfrage ging. Hätte das Gericht selbst ein Rechtsgutachten zum innerstaatlichen Recht eingeholt, widerspräche dies dem Grundsatz „iura novit curia" und wäre eine unrichtige Sachbehandlung i.S. von § 21 Abs. 1 GKG. Vgl. o. A.III.1.a) und die Glosse von Tipke, NJW 1976, 2199.

eignung im Gerichtssaal eine **Feuersbrunst** entfacht wird, so dass der Rauchmelder anschlägt und der Saal geräumt werden muss.[81] Geraucht wird alles Mögliche: Es kommt auf die **Verkehrssitte** an, d.h., ob es *üblich* ist, dass Blätter in dieser Form geraucht werden. Wenn der Tabak zu dem Zweck veräußert wurde, ist die Zweckbestimmung und damit die Raucheignung schon deshalb klar. Andernfalls muss sich das Gericht, wenn es sich nicht selbst als sachkundig ansieht, eines Sachverständigen bedienen, so etwa wie das Zivilgericht ermittelt, ob „Kölsch" noch „Kölsch" ist.[82]

E-Zigaretten unterliegen in Deutschland im Unterschied zu anderen Mitgliedstaaten aktuell nicht der Tabaksteuer.[83]

IV. Innerstaatliche Entstehungstatbestände

1. Regelgerechter Entstehungstatbestand

a) Begriffe

aa) Steuerlager

Ein **Steuerlager** ist nach Art. 4 Nr. 11 der Systemrichtlinie jeder Ort, an dem verbrauchsteuerpflichtige Waren vom zugelassenen Lagerinhaber unter Steueraussetzung hergestellt, verarbeitet, gelagert, empfangen oder versandt werden, und zwar nach den Bestimmungen des Mitgliedstaates.[84] Diese Definition hat § 5 Abs. 1 TabStG übernommen; § 4 TabStV definiert den Begriff umfassend. Das Gesetz unterscheidet nicht mehr zwischen Tabakwarenherstellungsbetrieben und -Lagern.[85] Es gibt nur noch Steuerlager, die von Steuerlagerinhabern betrieben werden (§ 6 Abs. 1 Satz 1, 2 TabStG). Kennzeichen des Steuerlagers ist die „Steueraussetzung".[86] Diese ist mit der Entnahme aus dem Steuerlager beendet, und zwar auch dann, wenn regelwidrig – z.B. durch Diebstahl – entnommen wird.[87]

bb) Steueraussetzung

Die **Steueraussetzung**. Art. 4 Nr. 7 der Systemrichtlinie definiert das Verfahren der Steueraussetzung als eine steuerliche Regelung, die auf die Herstellung, die Verarbeitung, die Lagerung sowie die Beförderung verbrauchsteuerpflichtiger Waren, die keinem zollrechtlichen Nichterhebungsverfahren unterliegen, unter Aussetzung der Verbrauchsteuer Anwendung findet. Sie ist dem deutschen

---

81 So in 2019 beim AmtsG Dortmund geschehen.
82 BGH v. 22.5.1970, I ZR 125/68, MDR 1970, 910 (leider habe ich das Entscheidungsdatum in wistra 2019, 123, Fn. 13, falsch angegeben, es muss natürlich heißen „1970" und nicht „2070").
83 Einzelheiten bei Möller/Retemeyer, Steuerstrafrecht, 45. Lfg., C 1756.
84 Zum Folgenden BSS-Bongartz, K 80 ff.
85 Vgl. die Begründung, BT-Drucks. 16/12257, S. 77, zu § 5.
86 Richtigerweise keine Aussetzung einer bereits entstandenen Steuer, sondern, wie Jatzke, Europäisches Verbrauchsteuerrecht, C 57, bemerkt, die Entstehung der Steuer wird suspendiert.
87 Jatzke, Europäisches Verbrauchsteuerrecht, C 34.

Recht als Institut bisher fremd und übernimmt im Wesentlichen die Funktion der bedingten Steuer.[88] Aussetzung der Steuer bedeutet also Aufschub ihrer Entstehung.

cc) *Überführung in den steuerlich freien Verkehr*

Sie ist im Anschluss an Art. 7 der Systemrichtlinie in § 15 Abs. 2 Nr. 1 bis 4 TabStG definiert. Die Nr. 1 und 3 sprechen den regelgerechten Entstehungstatbestand an, die Nr. 2 und 4 erfassen die regelwidrigen Entstehungstatbestände.

dd) *Einfuhr und Verbringung*

Für den Warenverkehr unter den Mitgliedstaaten verwendet das TabStG z. B. in § 23 Abs. 1 Satz 1 den Begriff des **Verbringens**. Die Systemrichtlinie spricht in Art. 32 Abs. 1 und 35 Abs. 1 von „Beförderung" der Waren von einem Mitgliedstaat zum anderen.

Als **Einfuhr** definiert die Systemrichtlinie in Art. 4 Nr. 8 – und im Anschluss hieran gleichlautend § 19 Abs. 1 Nr. 1 TabStG – den *Eingang* der Waren in das Gebiet der Gemeinschaft ... usw. ZK und UZK geben keine Definition der Einfuhr, setzen sie vielmehr als Realakt voraus. Der Begriff des Verbringens stammt aus dem deutschen Zollrecht.[89] Die Systemrichtlinie und das TabStG haben den Einfuhrbegriff des Zollrechts indessen nicht übernommen. Daher sollte der Begriff des Verbringens für den gegenüber dem Zollrecht andersartigen Einfuhrbegriff des Verbrauchsteuerrechts nicht übernommen werden. Der Klarheit halber sollte – entgegen verbreiteter Übung – als „**Verbringung**" nur der Warenverkehr von einem Mitgliedstaat in den andern bezeichnet werden und nicht die **Einfuhr**. So werden z. B. von Polen nach Deutschland Tabakwaren *verbracht*, von einem Staat außerhalb der EU in einen Mitgliedstaat werden sie demgegenüber (in die EU, nicht nur in den Mitgliedstaat) *eingeführt*.

ee) *Der registrierte Empfänger*

Der „registrierte Empfänger" nach § 7 TabStG entspricht dem „berechtigten Empfänger" alten Rechts i. S. von § 16 TabStG a. F. Nach § 7 TabStG (der die Umsetzung von Art. 4 Nr. 9 und 10 der Systemrichtlinie darstellt) darf der registrierte Empfänger Tabakwaren unter Steueraussetzung aus einem anderen Mitgliedstaat empfangen. Er bedarf der Erlaubnis, deren Voraussetzung der des Steuerlagerinhabers nach § 6 TabStG angeglichen ist. Die Steuer entsteht nach § 15 Abs. 2 Nr. 3 TabStG bei Entnahme aus dem Steueraussetzungsverfahren und Aufnahme in den Betrieb des registrierten Empfängers. Dieser ist Steuerschuldner. In diesem Zeitpunkt müssen die Steuerzeichen verwendet sein. Da der Empfänger selbst nicht zum Empfang von Steuerzeichen legitimiert ist, müssen

---

88 Rüsken in Klein, AO, § 50, Rn. 2.
89 So ist nach § 1 Abs. 2 Satz 2 des früheren ZollG Einfuhr das Verbringen von Waren in das Zollgebiet, Ausfuhr das Verbringen von Waren aus dem Zollgebiet, ähnlich § 3 Abs. 1 ZollVG. ZK und UZK sprechen von Verbringung im Zusammenhang mit der Einfuhr, so z. B. in Art. 38 Abs. 1 ZK, Art. 135 Abs. 1, 139 Abs. 1 UZK, im Zusammenhang mit der Ausfuhr in Art. 161 Abs. 1 ZK und Art. 269 Abs. 1 UZK.

diese durch den Versender im anderen Mitgliedstaat angebracht sein, wenn die Waren beim Empfänger aufgenommen werden. Daher sieht § 13 Abs. 1 TabStV vor, dass die Erlaubnis nur erteilt wird, wenn die Betreffenden Waren mit (verwendeten) Steuerzeichen empfangen wollen.[90] In diesen Fällen verwendet der Hersteller des anderen Mitgliedstaates Steuerzeichen, ohne dass bei ihm ein Steuertatbestand vorliegt; dieser entsteht vielmehr erst bei der Aufnahme in den Betrieb des registrierten Empfängers. Der ausländische Hersteller darf Steuerzeichen beziehen, wird also Schuldner der Steuerzeichenschuld, nicht aber der Tabaksteuer. Tabaksteuer- und Steuerzeichensteuerschuldner sind also verschiedene Personen.

b) Die Entnahme als Entstehungstatbestand

Nach § 15 Abs. 1 i. V. m. Abs. 2 Nr. 1 TabStG entsteht die Steuer regelgerecht mit der Entnahme aus dem Steuerlager (also dem Herstellungsbetrieb oder einem andern Steuerlager), wobei der Verbrauch im Steuerlager der Entnahme gleichsteht – es sei denn, es schließt sich eine Steuerbefreiung an. Die Steuer ist bei diesem Entstehungstatbestand reine Fälligkeitsteuer, da sie ohne Veranlagung entsteht und nach § 220 Abs. 2 Satz 1 AO sofort fällig wird.[91] Sie ist nach § 17 Abs. 1 TabStG durch die Verwendung von Steuerzeichen zu entrichten, und zwar bei Entstehung der Steuer, § 17 Abs. 1 Satz 3 TabStG.

Die Formulierung in § 15 TabStG über das „Entstehen" der Steuer ist nicht richtlinienkonform. Zutreffend müsste es heißen, dass die Steuer „fällig wird". Die deutsche Fassung der RL 2008/118/EG sagt zwar in Art. 7 Abs. 1 TabStG,

> „Der Verbrauchsteueranspruch entsteht ...zum Zeitpunkt der Überführung in den steuerlich freien Verkehr",

nach der englischen Version wird indessen die „*Excise duty ... chargeable*"; entsprechend heißt es im französischen Text „*Les droits d'accise deviennent exigibles*". Dass *chargeable* und *exigible* richtig mit „fällig" zu übersetzen ist, ergibt sich daraus, dass andernfalls die Steuerzeichen angebracht sein müssten, bevor überhaupt die Steuer entsteht.[92] Richtlinienkonform müsste die Steuer *vor* der Überführung in den freien Verkehr entstehen, also schon mit der (berechtigten) Herstellung.[93] Mit der Entnahme wird sie fällig. Freilich wird damit der Entstehungstatbestand (berechtigte) „Herstellung" stillschweigend vorausgesetzt: Er findet sich im Gesetz nicht. Aber nur bei dieser Sicht laufen die §§ 15 Abs. 1, Abs. 2, 17 Abs. 1 TabStG synchron.[94] Für die Lagerung gilt das Entsprechende.

---

90 So schon § 20a Abs. 1 TabStVO a. F., vgl. BSS-Bongartz, K 90.
91 BSS-Bongartz, K 107 f.
92 Diesen Anachronismus erörtert BSS-Bongartz, K 54; zu den Sprachproblemen Weidemann, wistra 2016, 209 ff.
93 Die Herstellung ohne Erlaubnis löst die Steuer nach § 15 Abs. 1 Nr. 2 TabStG aus.
94 Sprachprobleme ziehen offenbar manche Auslegungsfragen nach sich. So beanstandet z. B. Jatzke, Europäisches Verbrauchsteuerrecht, C 63, dass in Art. 4 Nr. 11 der Systemrichtlinie der Begriff „bearbeitet" aus Art. 4b der aufgehobenen RL 92/12/EWG durch „verarbeitet" ersetzt wurde. Das ist aber ausschließlich ein deutsches Problem.

Die in das Steuerlager überführte Ware ist grundsätzlich verbrauchsteuerpflichtig, aber die Fälligkeit der Steuer ist aufgeschoben.

c) Das Zahlungsmittel: Die Steuerzeichen

Nach § 17 Abs. 1 TabStG wird die Tabaksteuer durch Steuerzeichen entrichtet. Hersteller, Einführer oder Gleichgestellte bestellen die Steuerzeichen beim Hauptzollamt Bielefeld, Steuerzeichenstelle in Bünde (§ 32 Abs. 1 TabStV). Das Steuerzeichen ist Wertzeichen i. S. der §§ 148, 149 StGB.[95, 96]

aa) Die Steuerzeichenschuld

Steuerzeichensteuer ist die Steuer, die durch die Bestellung von Steuerzeichen entsteht, und daher von der Tabaksteuer zu unterscheiden. Sie ist Anmeldesteuer.[97] Die Verbrauchsteuerregelungen sind auf sie entsprechend anwendbar. Ohne Schaden für das System hätte sich der heutige Gesetzgeber darauf beschränken können, Bezugsberechtigung und Zahlungsverpflichtung für Steuerzeichen zu regeln. Stattdessen hält er das historische Nebeneinander zweier Steuern bezüglich des einen Objekts Tabakware aufrecht und schafft damit mehr Verwirrung als Klarheit. Gerichte werfen mitunter beide Steuerarten durcheinander.

Die Rechtsnatur der von § 17 Abs. 2 Satz 3 TabStG erwähnten „Steuerzeichenschuld" ist obskur,[98] aber strafrechtlich nicht von entscheidender Bedeutung. Treffend ist der von Jatzke und Jarsombeck gezogene Vergleich mit der Briefmarke.[99] Wer Steuerzeichen bezieht, muss sie bezahlen. Diese Konsequenz ergibt sich für Postwertzeichen genauso wie für Steuerzeichen, nur dass die Herleitung des Zahlungsanspruchs zugunsten des Hauptzollamts etwas komplizierter ist, als wenn Sie bei der Post Briefmarken kaufen. Der Steueranspruch für den Bezug von Steuerzeichen folgt aus §§ 218 Abs. 1 Satz 1, 168 Satz 1, 220

In der englischen Fassung heißt es in beiden RL „processed", in der französischen „produits ... transformés" bzw. „marchandises ... transformées". Offenbar hat sich die deutsche Übersetzung zu einer anderen Wortwahl entschlossen. Welche sprachliche Fassung authentisch ist, ist offen, da es keine „verbindliche" Amtssprache gibt, vielmehr alle Sprachen gleichwertig sind. Das gilt gleichermaßen für Urteile. Deren „Urtext" lässt sich allenfalls ermitteln, wenn man weiß, in welcher Sprache verhandelt wurde.

95 Friedrich, ZfZ 1989, 98 (99), unter Hinweis auf § 5 TabStV a. F.; Joecks in Franzen/Gast/Joecks, § 369, Rn. 147 ff.
96 Nach österreichischem Recht ist die Tabaksteuer Anmeldesteuer, vgl. § 12 ÖTabStG, auch im Fall des Verbringens aus anderen Mitgliedstaaten, § 27 Abs. 5 ÖTabStG.
97 Zum Folgenden BSS-Bongartz, K 74 ff.
98 Dazu im einzelnen Friedrich, ZfZ 1989, 98 ff.; Caspers/Dittrich, ZfZ 1980, 106 (107); Nadine Krieger, Das Verfahren der Steuerzeichenverwendung im Tabaksteuerrecht, 2006, veröffentlicht auf der Homepage der HS des Bundes für öffentliche Verwaltung; Olthoff, Das Zusammenspiel zwischen Steuerzeichenschuld und Steuerschuld im Tabaksteuerrecht, veröff. ebenda am 17.10.2008, sowie die gleichfalls dort am 2.9.2010 – leider ohne Verfasserangabe – veröffentlicht Schrift Vor- und Nachteile des Steuerzeichensystems.
99 Jatzke, ZfZ 2006, 355; Jarsombeck, ZfZ 1999, 296 (297).

Abs. 2, AO, 17 Abs. 2 Satz 1 TabStG. Grundlage für die Verwirklichung von Steueransprüchen sind die Steuerbescheide (§ 218 Abs. 1 Satz 1 AO). Mangels besonderer Bestimmung wird der Anspruch mit seiner Entstehung fällig (§ 220 Abs. 2 Satz 1 AO), allerdings nicht vor Bekanntgabe der Festsetzung (§ 220 Abs. 2 Satz 2 AO). Da die Steueranmeldung einem Steuerbescheid gleichsteht, ist der Anspruch mit der Anmeldung fällig (§ 168 Satz 1 AO), also mit Bezug, da der Steuerschuldner damit zugleich die Steueranmeldung abzugeben hat.

bb) Strafrechtliche Konsequenzen

Sollte der Bezieher von Steuerzeichen zwar beziehen, aber nicht zahlen, macht er sich gleichwohl nicht nach § 370 Abs. 1 AO strafbar: Nr. 1 und 2 sind nicht einschlägig, da der Steuerschuldner die nötigen „Angaben" gemacht hat, denn andernfalls entstünde überhaupt keine Steuerzeichenschuld. Die Steuerzeichensteuer ist zwar Anmeldesteuer, aber die Unterlassung der Anmeldung hat keine strafrechtlichen Folgen, weil ohne Anmeldung die Steuer gar nicht erst entsteht und es keinen „Bezug" im Sinne von § 17 Abs. 2 Satz 1 TabStG gibt.

§ 370 Abs. 1 Nr. 3 AO ist ebenfalls nicht erfüllt, da diese Bestimmung nur für die Tabaksteuerschuld (Nichtverwendung von Steuerzeichen) gilt, nicht aber für die Steuerzeichenschuld,[100] die ihrerseits nicht durch Verwendung von Steuerzeichen, sondern durch Geldzahlung getilgt wird.

Selbst wenn der Auffassung gefolgt wird, es gebe neben der in § 370 Abs. 4 AO definierten Festsetzungsverkürzung noch die „Zahlungsverkürzung", wie sie etwa früher, als der Zoll noch reine Fälligkeitsteuer war, für die Hinterziehung der Zollschuld angenommen wurde, so wäre diese Verkürzung nicht kausal auf eine Tathandlung (Angaben machen oder unterlassen) im Sinne des § 370 Abs. 1 AO zurückzuführen. Die Nichtzahlung der „bezogenen" und angemeldeten Steuerzeichensteuer ist also nicht strafbar, so dass die Konzeption des staatlichen Anspruchs auf Bezahlung der Steuerzeichen als Steueranspruch strafrechtlich jedenfalls keine Konsequenzen hat.

---

100 Steuerzeichenschuld ist nicht gleich Tabaksteuerschuld. Das verkennt, worauf Jatzke, ZFZ 2006, 355 f., hinweist, FG Düsseldorf in dem Vorlagebeschluss v. 6.9.2006, 4 K 6310/04 VTa, ZfZ 2006, 354, wenn es die Ansicht vertritt, der deutsche Steuergläubiger sei zur Erstattung des für den Bezug der Steuerzeichen entrichteten Betrages verpflichtet, wenn die Zigaretten in Irland gestohlen werden und Irland daraufhin wegen unrechtmäßiger Entnahme aus einem Steueraussetzungsverfahren Verbrauchsteuer erhebt: Das HZA könnte die Verbrauchsteuer (Tabaksteuer ist gemeint) letztlich „unter Verstoß gegen die Regelungen der Richtlinie 92/12 erhoben haben". In Wahrheit hat es keine Verbrauchsteuer erhoben, vielmehr hat die Ausgabestelle Bünde lediglich den Betrag für die Steuerzeichen erhalten. Der Fall liegt nicht anderes, als wenn dem Käufer Briefmarken gestohlen werden. Das Risiko trägt er und nicht die Post.

2. Steuerentstehung durch regelwidriges Verhalten

a) Die Tatbestände

aa) Regelwidrige Entnahme aus einem Steuerlager

Regelwidrig sind die **Entnahme** aus (oder der **Verbrauch** in) einem Steuerlager ohne Verwendung von Steuerzeichen. Steuerschuldner war nach früherem Recht (§ 11 Abs. 1 Satz 2 TabStG a. F.) der Lagerinhaber, so dass etwa die Strafbarkeit des Diebes aus dem Steuerlager darin gesehen wurde, dass er das Entstehen der Steuerschuld in der Person eines andern, hier: des Lagerinhabers, „bewirkte"[101]. Heute sind Steuerschuldner nach § 15 Abs. 4 TabStG der Lagerinhaber, ferner derjenige, der unrechtmäßig (d. h. ohne Anbringung von Steuerzeichen) entnommen hat oder in dessen Namen entnommen wurde, sowie jeder an der Entnahme Beteiligte, z. B. auch der Dieb und die am Diebstahl Beteiligten.

Durch Entnahme entsteht eine Steuerschuld nur für die Waren, die regelgerecht in das Steuerlager aufgenommen worden sind. Wurde die Ware bei Einfuhr nicht gestellt und erst anschließend in das Steuerlager aufgenommen, ist die Einfuhrtabaksteuer bereits durch das nicht ordnungsgemäße Befördern in das Zollgebiet der Union entstanden und entsteht durch die Entnahme aus dem Steuerlager nicht erneut.[102]

bb) Herstellung ohne Erlaubnis

Der Herstellungsbetrieb ist nach neuem Recht zugleich Steuerlager (§ 5 Abs. 1 TabStG). Der Steuerlagerinhaber, und damit der Inhaber des Herstellungsbetriebes, bedarf der Erlaubnis nach § 6 Abs. 1 Satz 2 TabStG. Wird ohne Erlaubnis hergestellt, entsteht die Steuer nicht erst mit der Entfernung aus dem Lager, sondern bereits mit der Herstellung, was das Gesetz dadurch ausdrückt, dass es die Herstellung ohne Erlaubnis in § 15 Abs. 2 Nr. 2 TabStG mit der Überführung in den freien Verkehr gleichstellt. Steuerschuldner sind nach § 15 Abs. 4 Nr. 2 TabStG der Hersteller und jeder an der Herstellung Beteiligte.

cc) Bezug von Ware ohne Steuerzeichen durch den registrierten Empfänger

Nach § 15 Abs. 4 Nr. 3 TabStG wird der registrierte Empfänger Steuerschuldner, ohne dass er in der Lage wäre, Steuerzeichen zu verwenden (weil er als Bezieher nicht legitimiert ist).

dd) Unregelmäßigkeiten bei der Beförderung

Was eine Unregelmäßigkeit bei der Beförderung unter Steueraussetzung ist, regelt § 14 Abs. 1 TabStG, der Art. 10 der Systemrichtlinie umsetzt, abschlie-

---

101 Bender, Steuerstrafrecht, 19. Lfg., 2008, TZ 92,1.
102 BGH v. 27.7.2016, 1 StR 19/16, wistra 2017, 74 ff., mit Bespr. Fuchs, PStR 2016, 329 ff., und Ebner, HFR 2017,183; die Verurteilung wegen Steuerhinterziehung durch Entnahme scheitert bereits daran, dass die Steuer nicht erneut entsteht; entgegen Ebner durfte die Frage der Steuerentstehung von der Tatsacheninstanz nicht offen gelassen werden, denn sie hat logischen Vorrang vor der Frage, ob die Steuer „zweimal hinterzogen" werden kann.

ßend.[103] Es ist die nicht ordnungsgemäße Beendigung der Beförderung, z. B. durch Diebstahl. Sie hat die Überführung der Ware in den steuerlich freien Verkehr des Mitgliedstaates zur Folge, in dem die Unregelmäßigkeit begangen wurde. Steuerschuldner sind die in § 15 Abs. 4 Nr. 4 TabStG Genannten, also Lagerinhaber als Versender oder der registrierte Versender und jeder an der unrechtmäßigen Entnahme Beteiligte.

ee) Abgabe über Kleinverkaufspreis

Nach § 28 Abs. 1 TabStG darf der auf den Steuerzeichen angegebene Packungspreis nicht überschritten werden, andernfalls entsteht die höhere Steuer. Schuldner ist der Händler, und die Steuer ist sofort fällig (§ 28 Abs. 1 TabStG).

ff) Entgeltliche Abgabe von Deputaten

Deputate sind nach § 30 Abs. 3 Satz 1 TabStG steuerfrei und dürfen nicht entgeltlich abgegeben werden (§ 30 Abs. 3 Satz 2 TabStG). Mit der verbotswidrigen Abgabe entsteht die Steuer und ist sofort fällig. Schuldner ist der Abgebende (§ 30 Abs. 3 Satz 3 und 5 TabStG).

gg) Zweckwidrige Verwendung

§ 30 TabStG sieht verschiedene Steuerbefreiungen vor, die an bestimmte Zwecke geknüpft sind. Werden die Waren zweckwidrig verwendet, entsteht die Steuer und ist sofort fällig. Schuldner ist der Verwender (§ 31 Abs. 3 TabStG).

b) Erklärungspflichten

Die Steuerschuldner der vorstehend geschilderten Tatbestände haben nach § 17 Abs. 3 TabStG unverzüglich eine Steuererklärung abzugeben. Dass der Steuerlagerinhaber als solcher keine Erklärungspflicht hat, liegt daran, dass bei regelgerechter Entnahme die Steuerzeichen verwendet sind, so dass nichts zu erklären ist. Entnimmt der Lagerinhaber selbst regelwidrig, wird er „unrechtmäßiger Entnehmer" und hat die Erklärung als solcher nach § 15 Abs. 4 Nr. 1, 2. Alternative abzugeben, wie es § 17 Abs. 3 Satz 1 TabStG formuliert. Für den registrierten Empfänger, der Ware ohne Steuerzeichen empfängt, ist die Erklärungspflicht eigens in § 17 Abs. 3 Satz 2 TabStG ausgesprochen. Für den Händler, der den Kleinverkaufspreis überschreitet, folgt die Erklärungspflicht aus § 28 Abs. 1 Satz 4 TabStG, für den Abgebenden über Kleinverkaufspreis aus § 30 Abs. 3 Satz 5 TabStG, für den Verwender im Sinne des § 31 Abs. 3 TabStG aus Satz 4 dieser Bestimmung.

---

103 Vgl. Gesetzentwurf der Bundesregierung mit Begründung, BT-Drucks. 16/12257, S. 78, zu § 14. Damit dürfte die Entscheidung des BGH v. 24. 10. 2002, 5 StR 600/01, wistra 2003, 100 ff., die den verbrauchsteuerlichen Begriff des Entziehens aus dem Verfahren der Steueraussetzung in Anknüpfung das Zollrecht auslegte, überholt sein; zutreffend dagegen BFH v. 29. 10. 2002, VII R 48/01, ZfZ 2003, 90 ff.; zu beiden Reiche/Reiche, ZfZ 2003, 146 ff., die bemerken, dass sich beide Entscheidungen im Ergebnis nicht wesentlich unterscheiden.

c) Formulare

Die Zollverwaltung hat für Erklärungen nach § 17 Abs. 3 TabStG (und für die Steuertatbestände im Sinne des § 23 TabStG) das Formular 1625/1 „Steuererklärung für Tabakwaren im Einzelfall (11/2018)" herausgegeben, vgl. nachstehendes Muster (von der Homepage des BMF, Zoll):

Die Tabaksteuer als harmonisierte Verbrauchsteuer

Vor dem Ausfüllen bitte Hinweise beachten und Zutreffendes ankreuzen [x] oder ausfüllen

1. Steuerschuldner/Steuerschuldnerin
   Name/Firma, Rechtsform

   Unternehmensnummer (soweit erteilt)

   Eingangsvermerk

   Ansprechpartner/Ansprechpartnerin

   Telefon/Telefax (Ansprechpartner/Ansprechpartnerin)

   Straße, Hausnummer

   E-Mail-Adresse (Ansprechpartner/Ansprechpartnerin)

   PLZ, Ort

   Verbrauchsteuernummer (soweit vorhanden)

Hauptzollamt

Steuererklärung für Tabakwaren

2. Registrierkennzeichen (vom Hauptzollamt auszufüllen)

3. Ich melde die in Feld 4 angeführten Mengen an Tabakwaren zur Versteuerung an als Steuerschuldner/Steuerschuldnerin nach

   ☐ § 15 Abs. 4 Satz 1 Nr. 1 erste Alt. TabStG
   (rechtmäßige Entnahme aus dem Steuerlager mit Zulassung der Ausnahme von der Steuerzeichenverwendung nach § 17 Abs. 4 Nr. 3 TabStG i.V.m. § 34 Abs. 3 TabStV)

   ☐ § 15 Abs. 4 Satz 1 Nr. 1 zweite Alt. TabStG
   (unrechtmäßige Entnahme aus einem Steuerlager)

   ☐ § 15 Abs. 4 Satz 1 Nr. 2 TabStG
   (Herstellung ohne Erlaubnis)

   ☐ § 15 Abs. 4 Satz 1 Nr. 3 TabStG
   (Aufnahme in den Betrieb als registrierter Empfänger)

   ☐ § 15 Abs. 4 Satz 1 Nr. 4 TabStG
   (Unregelmäßigkeiten während der Beförderung unter Steueraussetzung)

   ☐ § 15 Abs. 4 Satz 3 TabStG
   (Abgabe an Personen, die nicht im Besitz einer gültigen Erlaubnis nach § 31 Abs. 1 TabStG sind)

   ☐ § 23 Abs. 1 TabStG
   (Versand und Verbringen ins Steuergebiet aus dem steuerrechtlich freien Verkehr eines anderen Mitgliedstaats ohne deutsche Steuerzeichen zu gewerblichen Zwecken)

   ☐ § 23 Abs. 2 Nr. 1 TabStG i.V.m. § 40 Abs. 5 TabStV
   (Unregelmäßigkeiten während der Beförderung im steuerrechtlich freien Verkehr)

   ☐ § 28 Abs. 1 TabStG
   (Abgabe über Kleinverkaufspreis)

   ☐ § 30 Abs. 3 TabStG
   (entgeltliche Abgabe von Deputat)
   Hersteller des Deputats (Name, Anschrift):

   ☐ § 31 Abs. 3 TabStG
   (zweckwidrige Verwendung)

4.

Pos.	Tabakwarengattung (Zigaretten, Zigarren/Zigarillos, Feinschnitt oder Pfeifentabak)	Marke; genaue Bezeichnung	Menge Stück/kg	Kleinverkaufspreis (soweit möglich) Cent/Stück Euro/kg	Nur bei Abgabe über Kleinverkaufspreis	
					Preis laut Steuerzeichen	Tatsächlicher Verkaufspreis
1	2	3	4	5	6	

1625/1 Steuererklärung für Tabakwaren im Einzelfall (11/2018)

Innerstaatliche Entstehungstatbestände

4. Pos.	Tabakwarengattung	Marke; genaue Bezeichnung	Menge	Kleinverkaufspreis (soweit möglich)	Nur bei Abgabe über Kleinverkaufspreis	
	(Zigaretten, Zigarren/Zigarillos, Feinschnitt oder Pfeifentabak)		Stück/kg	Cent/Stück Euro/kg	Preis laut Steuerzeichen	Tatsächlicher Verkaufspreis
1	2	3	4	5	6	

5. Bemerkungen

6. Ich versichere, dass ich die Angaben wahrheitsgemäß nach bestem Wissen und Gewissen gemacht habe.

Anlagen ☐ ☐ ☐

Ort, Datum, Unterschrift des Steuerschuldners/der Steuerschuldnerin

Hinweis zum Datenschutz im Anwendungsbereich der DSGVO:

Die Informationen zum Datenschutz - insbesondere zu den Informationspflichten bei der Erhebung personenbezogener Daten nach Artikel 13 und 14 Datenschutzgrundverordnung - werden Ihnen im Internetauftritt der Zollverwaltung unter www.zoll.de oder bei Bedarf in jeder Zolldienststelle bereitgestellt.

Weitere Hinweise
Zur Abgabe dieser Steuererklärung sind Sie nach § 17 Abs. 3 TabStG i.V.m. § 36 TabStV; § 23 Abs. 1 Satz 3 TabStG i.V.m. § 40 Abs. 5 Satz 4 TabStV; § 28 Abs. 1 Satz 4 TabStG i.V.m. § 43 TabStV; § 28 Abs. 1 Satz 4 TabStG i.V.m. § 43 TabStV; § 30 Abs. 3 Satz 5 TabStG i.V.m. § 44 Abs. 5 TabStV oder § 31 Abs. 3 Satz 4 TabStG i.V.m. § 47 Abs. 2 TabStV verpflichtet.

Die Menge der zu versteuernden Tabakwaren ist bei Zigaretten und Zigarren/Zigarillos in Stück, bei Feinschnitt und Pfeifentabak in Kilogramm anzugeben (Spalte 4).

In Spalte 5 ist, soweit möglich, der vom Hersteller/von der Herstellerin, Einführer/in oder einer Person nach § 3 Abs. 2 TabStG bestimmte Kleinverkaufspreis für Zigaretten und Zigarren/Zigarillos in Cent pro Stück, für Feinschnitt und Pfeifentabak in Euro pro Kilogramm anzugeben. Spalte 6 ist nur auszufüllen, wenn Tabakwaren entgegen § 28 Abs. 1 TabStG über Kleinverkaufspreis verkauft wurden.

Dem Vorgang sind geeignete Unterlagen beizufügen.

1625/2 Steuererklärung für Tabakwaren im Einzelfall (11/2018)

Abb. 3: *Steuererklärung für Tabakwaren im Einzelfall (11/2018)*
Quelle: Bundesfinanzministerium

Die früher bestehende „leichte Unwucht" in der Bezeichnung des Formulars ist beseitigt. Es ist nunmehr zutreffend als „Steuer*erklärung* für Tabakwaren" bezeichnet. In der Tat handelt es sich um eine Erklärung und nicht um eine Steuer*anmeldung*, da die Steuer im Sinne des § 155 Abs. 1 AO durch Steuerbescheid festgesetzt wird und die Erklärung nicht selbst dem Steuerbescheid gleichsteht.

3. Die strafrechtliche Sanktion

Die Handlungspflicht i. S. von § 370 Abs. 1 Nr. 3 AO (d. h. die Pflicht zur Verwendung von Steuerzeichen) trifft jeden der Steuerschuldner i. S. von § 15 Abs. 4 TabStG. Folglich scheint auch der Dieb aus dem Steuerlager nach § 370 Abs. 1 Nr. 3 AO strafbar, da die Steuer mit der Entnahme entsteht und er selbst Steuerschuldner ist. Da aber der Dieb weder berechtigter Bezieher von Steuerzeichen ist, noch sonst über sie verfügt, würde ihm das Gesetz, wenn es von ihm verlangte, Steuerzeichen zu verwenden, eine unmögliche Verpflichtung aufbürden. Dem trägt § 17 Abs. 3 TabStG Rechnung, indem es ihm als demjenigen, der unrechtmäßig entnimmt, eine Erklärungspflicht auferlegt, so dass für den Dieb – wie für jeden unrechtmäßigen Entnehmer – nur der Tatbestand des § 370 Abs. 1 Nr. 2 (bzw. bei unrichtiger Erklärung Nr. 1) AO in Betracht kommt. Dasselbe gilt für diejenigen, die einen anderen regelwidrigen Steuertatbestand herbeiführen. Die Steuer entsteht mit Erfüllung des Steuertatbestands (§ 15 Abs. 1 und Abs. 2 TabStG). Da eine gesetzliche besondere Fälligkeitsbestimmung fehlt, ist die Steuer nach § 220 Abs. 2 AO mit der Entstehung fällig, allerdings nicht vor Bekanntgabe der Festsetzung (§ 220 Abs. 2 Satz 2 AO).

Neben dem Spezialtatbestand des § 370 Abs. 1 Nr. 3 AO (Verwendungsverkürzung) können durchaus die Tatbestände der Festsetzungsverkürzung nach § 370 Abs. 1 Nr. 1 und 2 AO erfüllt sein. Nach § 10 Abs. 2 und Abs. 3 TabStV hat der Lagerinhaber ein Lagerbuch zu führen, in dem er die Zu- und Abgänge aufzuzeichnen hat. Führt er die Bücher unrichtig und legt er diese Aufzeichnungen dem Hauptzollamt vor, erfüllt er den Tatbestand des § 370 Abs. 1 Nr. 1 AO durch unrichtige Angaben. Führt er sie nicht, obwohl er hierzu verpflichtet ist, kommt er insbesondere nicht den vom Hauptzollamt nach § 10 Abs. 2 Satz 2 TabStV getroffenen Anordnungen zu Buchführung und Aufzeichnung nach, erfüllt er den Unterlassungstatbestand des § 370 Abs. 1 Nr. 2 AO. Der quasikausal herbeigeführte Erfolg in Gestalt der Festsetzungsverkürzung liegt vor, wenn das Hauptzollamt bei richtiger Führung der Bücher die durch Entnahme oder Verbrauch entstehende Tabaksteuer festgesetzt hätte.

V. Tabaksteuer als Verbringungsteuer

Das TabStG regelt in Abschnitt 4 die Beförderung und Besteuerung von Tabakwaren des steuerrechtlich freien Verkehrs anderer Mitgliedstaaten. Im Unterschied zur Einfuhr werden im Folgenden diese Steuertatbestände unter Einschluss des Versandhandels als **Verbringungstatbestände** bezeichnet. Die Verbringungstabaksteuer ist, das sei nochmals betont, **keine Einfuhrabgabe**, sondern **EU-Binnenabgabe**, folglich gilt für ihre Hinterziehung **nicht § 373 AO**.[104]

1. Der Steuertatbestand: Ein Verbotstatbestand

Die Mitgliedstaaten verfügen hinsichtlich der Steuersätze „über signifikante Gestaltungsspielräume".[105] Gäbe es unterschiedliche Steuersätze nicht, käme niemand auf den Gedanken, Waren von einem Mitgliedstaat in den andern zu transferieren. Derartige gewerbliche Transaktionen sind innerstaatlich nicht erwünscht. Um sie zu verhindern, hat der nationale Gesetzgeber in **§ 23 TabStG** Steuertatbestände geschaffen, deren Sinn darin besteht, den gewerblichen Handel, der von den unterschiedlichen Steuersätzen der einzelnen Mitgliedstaaten lebt, zu unterbinden. Die unvollkommene Harmonisierung der Tabaksteuersätze ist also Grund für die komplizierte Regelung der – gleichsam als „**Schutzsteuern**" konzipierten – nationalen Verbringungssteuern und schafft naturgemäß auch noch Anreize zu deren Hinterziehung.

Der Zweck der in § 23 TabStG geregelten gewerblichen Tatbestände des Verbringens und des Versandhandels besteht also nicht in der Normierung eines Steuerentstehungstatbestandes, sondern eines **Verbots**:[106] Gewerbliche Verbringung und Versandhandel ohne Verwendung von Steuerzeichen gehören zu den „kranken" Fällen[107] der Steuerentstehung, denn andernfalls wäre die Ware nicht wie in § 23 Abs. 1 Satz 5 TabStG vorgesehen sicherzustellen, und die Sicherstellung ist, wie sich aus § 216 AO ergibt, die Vorstufe zur Verwertung durch Einziehung bzw. Überführung in das Eigentum des Bundes.[108] Mit dieser Einschätzung korrespondiert der von der Zollverwaltung verwandte Vordruck 1625/1: Er erfasst die Erklärung für alle „Unregelmäßigkeiten" der Steuerentstehung, von der unrechtmäßigen Entnahme aus einem Steuerlager bis zur entgeltlichen Abgabe von Deputaten, und schließlich auch die Erklärung über gewerblichen Versand und Verbringen aus dem freien Verkehr eines anderen Mitgliedstaats ohne Verwendung von Steuerzeichen.

---

104 Jäger, NStZ 2008, 21 ff. (23).
105 Näher Englisch in: Tipke/Lang, § 16, Rn. 2.
106 BSS-Bongartz, K 96; zu § 19 TabStG a. F.; Jatzke, Das System des deutschen Verbrauchsteuerrechts, 1997, 218 f.; Bongartz, ZfZ 1993, 370 (374), ZfZ 1997, 141 (142), und FS Wolffgang, 2018, 541 ff. (546 f.).
107 Friedrich, ZfZ 1989, 98; Olthoff, Das Zusammenspiel zwischen Steuerzeichenschuld und Steuerschuld im Tabaksteuerrecht, veröff. am 17.10.2008 auf der Homepage der FHS des Bundes für öffentliche Verwaltung, 9.
108 Das österreichische Finanzstrafgesetz erklärt in § 27 Abs. 6 den gewerblichen Bezug durch Personen, die Tabakwaren an Letztverbraucher abgeben, für unzulässig: eine klare Bestimmung, die dem deutschen TabStG fehlt.

2. Verbringung und steuerrechtlich freier Verkehr

Die steuerliche Situation bei gewerblicher Verbringung und Versandhandel ist verworren.[109] Die Steuer entsteht nach § 23 Abs. 1 TabStG, wenn Tabakwaren aus dem **steuerrechtlich freien Verkehr** eines anderen Mitgliedstaats in das deutsche Steuergebiet verbracht werden. Die Definition des Status „steuerrechtlich freier Verkehr" im innerstaatlichen Recht obliegt – ausgehend von den Vorgaben in Art. 7 der Systemrichtlinie dem jeweiligen Mitgliedstaat (vgl. **Art. 288 Abs. 3 AEUV**, wonach eine Richtlinie zwar für jeden Mitgliedstaat verbindlich ist, diesem aber die Wahl der Form und der Mittel überlässt, um das Ziel der Richtlinie zu erreichen). Das Zollrecht kennt die „Überführung in den **zollrechtlich freien Verkehr**" nach Art. 4 Nr. 16a ZK (jetzt: Art. 5 Nr. 16a UZK: „Überlassung zum zollrechtlich freien Verkehr"). Darauf greift die von den Mitgliedstaaten in innerstaatliches Recht umzusetzende Systemrichtlinie jedoch nicht zurück, sondern definiert den Begriff eigenständig. Zollrecht und Verbrauchsteuerrecht gehen hier – wie so oft – getrennte Wege. Nach Art. 7 Abs. 2 Buchst. a-d der Systemrichtlinie muss eine der **vier Varianten** erfüllt sein, wenn sich die Ware im „freien Verkehr" des Mitgliedstaats befunden haben soll:

(1) Steuerlagerentnahme, **(2) Besitz**, ohne dass Verbrauchsteuern erhoben wurden, **(3) Herstellung** oder **(4) Einfuhr**, wozu stets auch die illegale Variante zählt, die sich beim Besitz ohne Verbrauchsteuererhebung (Art. 7 Abs. 2 Buchst. d der Systemrichtlinie) von selbst ergibt. Das ist allerdings nur die **halbe Wahrheit**, denn hinzukommen muss die **Umsetzung** der Systemrichtlinie in das innerstaatliche Recht des Mitgliedstaats.

Wenn es um innergemeinschaftliche Verbringung geht, muss **zweierlei** ermittelt werden, und zwar schon durch die Zollverwaltung, nicht erst durch das Gericht: Zum einen, wie der Mitgliedstaat, aus dem die Ware stammt, die Systemrichtlinie umgesetzt hat, ob also tatsächlich der „zollrechtlich freie Verkehr" nach Maßgabe die Richtlinie in das innerstaatliche Recht transformiert wurde; zum andern, ob die Ware die Kriterien des innerstaatlichen Gesetzes erfüllt.

Die Überführung in den steuerlich freien Verkehr ist demnach durch die nationale Gesetzgebung definiert, in Deutschland durch § 15 Abs. 2 TabStG, wenn auch nicht ganz richtlinienkonform. So gelten sowohl nach Art. 6 RL 92/12 als auch nach Art. 7 der Systemrichtlinie auch regelwidrige Vorgänge wie z. B. die unrechtmäßige Entnahme aus dem Steueraussetzungsverfahren, die unrechtmäßige Herstellung und Einfuhr als Überführung in den steuerrechtlich freien Verkehr, eine Definition, die § 15 Abs. 2 TabStG nicht in vollem Umfang übernommen hat. Auch geschmuggelte Ware gelangt in den freien Verkehr des betreffenden Mitgliedstaates, denn die Systemrichtlinie zählt auch die illegale

---

109 Vgl. zu § 19 TabStG a. F., der dem heutigen § 23 TabStG entspricht, Bongartz ZfZ 1997, 141 f.

Einfuhr unter diesen Tatbestand.[110] Zu Recht sieht der BFH in der unrechtmäßigen Entnahme aus einem Freilager in Belgien die Überführung in den freien Verkehr, leitet dies allerdings aus § 19 TabStG a. F. her, obwohl zutreffend auf die belgische Regelung abzustellen gewesen wäre, denn das deutsche Recht kann nicht bestimmen, was in Belgien gelten soll. Im Ergebnis ist die Entscheidung durch richtlinienkonforme Auslegung gedeckt, denn jedenfalls muss die belgische Regelung, wenn sie überhaupt die Überführung in den freien Verkehr definiert, die Definition der Richtlinie übernehmen.[111]

Es wird darauf verwiesen, dass es nach den Unionsvorschriften nur das Steueraussetzungsverfahren oder den freien Verkehr gibt. Demzufolge könne eine Ware, die sich nicht unter Steueraussetzung befindet, nur im freien Verkehr sein.[112] Das ist im Ergebnis richtig, befreit aber zumindest das Strafgericht nicht von der Ermittlung, ob die Systemrichtlinie regelgerecht umgesetzt worden ist und ob eine der oben erwähnten vier Varianten verwirklicht wurde. Alles andere wäre nur Schlussfolgerung, die mit strafrechtlichen Grundsätzen nicht zu vereinbaren ist. Dieser Beliebigkeitsgrundsatz „irgend was wird schon zutreffen" darf m. E. nicht einmal im Abgabenrecht angewandt werden,[113] im Strafrecht schon gar nicht.

---

110 Die Ansicht des 5. Strafsenats, geschmuggelte Zigaretten könnten zu keinem Zeitpunkt „legal" in den freien Verkehr anderer Mitgliedstaaten gelangen, und für sie gälten daher die Regeln über die Einfuhr, BGH v. 22.7.2004, 5 StR 241/04, wistra 2004, 475 (476), ist zu Recht aufgegeben, Jäger, NStZ 2008, 21 (23, zu Fn. 26).

111 BFH v. 20.8.1996, VII B 104/96, ZfZ 1997, 22 (zu § 19 TabStG a.f., unrechtmäßige Entnahme aus einem Freilager, im Anschluss an BFH v. 9.7.1996, VII B 14/96, juris) mit Anm. Bongartz, ZfZ 1997, 141. Der BFH verweist in erster Linie auf die §§ 11 Abs 1, 12 Abs. 1, 19 TabStG a.f., die die erwähnte Richtlinie in innerstaatliches (allerdings: deutsches) Recht umsetzen und begnügt sich, anstatt die belgische Regelung wiederzugeben, mit dem Satz: Dass das Gemeinschaftsrecht in Belgien richtlinienkonform umgesetzt worden ist, erscheine „nicht zweifelhaft". Eben diese Zweifel hätte zumindest ein oberstes Bundesgericht gar nicht erst aufkommen lassen dürfen. Wenn sich sogar der BFH nicht die Mühe macht, ausländisches Recht selbst eines EU-Mitgliedstaats festzustellen, lässt sich den strafrechtlichen Tatgerichten kein Vorwurf machen, wenn sie sich bei ihren geringen „Bordmitteln" mit der Ermittlung fremdstaatlichen Rechts schwertun.

112 Jatzke, Europäisches Verbrauchsteuerrecht, 2016, C 99; BSS-Bongartz, E 26, und Bongartz, ZfZ 1997, 141; ähnlich auch EuGH v. 5.4.2001, C-325/99, juris: Wenn Ware außerhalb eines Steueraussetzungverfahrens angetroffen wird, muss die Steuer „zu irgendeinem Zeitpunkt" entstanden sein.

113 Vgl. demgegenüber FG Hamburg v. 23.6.2017, 4 K 217/16, juris. Der Zoll hatte Einfuhrabgaben festgesetzt und unzureichend ermittelt. Es stand nicht zur Überzeugung des Senats fest, dass die 300.000 Zigaretten als Nicht-Unionswaren von einem Drittland aus in das Zollgebiet der Union verbracht wurden; ebenso gut konnten sie in einem Mitgliedstaat hergestellt worden und damit Unionsware sein. Gegenstand der Klage war nur der Steuerbescheid über Einfuhrabgaben, Verbringungstabaksteuer hatte der Zoll nicht festgesetzt. Er hätte auch nicht alternativ Verbringungssteuer bzw. Einfuhrabgaben festsetzen können, vielmehr muss der Steuertatbestand schon genau ermittelt werden. Strafrechtlich gilt dies erst recht.

Die Steuer entsteht nach § 23 Abs. 1 Satz 1 TabStG, wenn die Waren erstmals zu gewerblichen Zwecken in Besitz gehalten werden. Mit der Anknüpfung an den **Besitz** verweist das Gesetz nicht auf den deutschen Besitzbegriff. Das wird aus der Entstehungsgeschichte deutlich.[114] Art. 7 Abs. 2 Buchst. b der Systemrichtlinie verwendet in der deutschen Fassung den „Besitz": Als Übernahme in den steuerrechtlich freien Verkehr gilt hiernach u. a. der Besitz verbrauchsteuerpflichtiger Waren außerhalb eines Steueraussetzungsverfahrens, wenn keine Verbrauchsteuer erhoben wurde. Eingefügt wurde diese Passage im Anschluss an ein Urteil des EuGH, in dem es nach der Vorlagefrage eines niederländischen Gerichts darum ging, ob der bloße Besitz einer nicht nachweisbar versteuerten Ware Steuer auslöst.[115] Der EuGH ging davon aus, dass für Waren, die außerhalb eines Steueraussetzungsverfahrens angetroffen werden, zu irgendeinem Zeitpunkt die Steuer entstanden sein muss,[116] und zwar durch Überführung in den steuerrechtlich freien Verkehr. Daher bejahte er die Vorlagefrage: Art. 6 Abs. 1 der Richtlinie 92/12/EWG, der Vorgängerrichtlinie der jetzigen Systemrichtlinie, ist dahin auszulegen – wie es in der deutschen Urteilsfassung heißt –, dass der bloße Besitz einer verbrauchsteuerpflichtigen Ware eine Überführung in den steuerrechtlich freien Verkehr darstellt, wenn diese Ware noch nicht versteuert worden ist.[117] Diese Regelung wurde – offenbar um der Klarheit willen[118] – in den neuen Art. 7 Abs. 2 Buchst. b der Systemrichtlinie übernommen. Die Crux liegt – wie so oft bei Rechtsakten aus der EU – in der **Übersetzung.** Das beginnt damit, dass die deutsche Fassung des oben zitierten EuGH-Urteils[119] von „Besitz" spricht, wo es doch nur darum ging, ob der bei einer Durchsuchung in der Lagerhalle des niederländischen Klägers aufgefundene nicht versteuerte Genever Verbrauchsteuer auslöst. War der Lagerinhaber „Besitzer" in allen Facetten dieses deutschen Rechtsinstituts? In der französischen Fassung des EuGH-Urteils heißt es, ob „la seule détention", in der englischen, ob „the mere holding" der Ware als Überführung in den steuerrechtlich freien Verkehr angesehen werden kann. Wenn der deutschen Übersetzung nichts Besseres einfällt, als auf den nach deutschem Recht rechtstechnisch vorbelasteten Besitz zurückzugreifen, ist das nicht glücklich. Es ging vielmehr darum, ob allein die **tatsächliche Verfügungsgewalt** über die Ware Verbrauchsteuer auslöst. Die sprachliche Divergenz bei der Übersetzung des EuGH-Urteils wiederholt sich bei der Systemrichtlinie. Während die deutsche Fassung der Systemrichtlinie in Art. 7 Abs. 2 Buchst. b auf den „Besitz" verweist, spricht die französische von „*détention* de produits" und die englische von „*holding* of excise goods". Es ging also um das „Halten" der Ware oder sprachlich besser um die Verfügungsgewalt über sie. Es

---

114 Zum Folgenden Jatzke, Europäisches Verbrauchsteuerrecht, 2016, C 36, Bongartz, FS Wolffgang, 2018, 541 ff.
115 EuGH v. 5. 4. 2001, C-325/99, juris.
116 Das ist die Auswirkung des o. erwähnten „Beliebigkeitsgrundsatzes".
117 Jatzke, Europäisches Verbrauchsteuerrecht, 2016, C 36.
118 Es war immerhin zweifelhaft, ob die Richtlinie 92/12/EWG das hergab, was der EuGH aus ihr herauslas, vgl. Jatzke, Europäisches Verbrauchsteuerrecht, 2016, C 36.
119 EuGH v. 5. 4. 2001, C-325/99, juris.

bedurfte mehrerer Gerichtsentscheidungen, um dieses durch eine fehlerhafte Übersetzung hervorgerufene Missverständnis zu beseitigen.[120] Immerhin formulieren § 23 Abs. 1 TabStG und § 17 Abs. 2 KaffeeStG dass die Waren „in Besitz *gehalten*" werden müssen. Das knüpft an das englische „holding" und die französische „détention" an. Die Gesetzesfassung verdeutlicht also, dass Steuerschuldner ist, wer die Einwirkungsmöglichkeit auf die Ware hat und dass es auf deutsche Feinheiten zum Besitzrecht nicht ankommt.[121] Das FG Düsseldorf zieht – unter Bezug auf die Formulierung „in Besitz *hält*" – diesen klaren Schlussstrich, noch dazu in einer Kaffeesteuersache, also in einem Prozess um eine nicht harmonisierte Verbrauchsteuer.[122]

Die Steuer entsteht nur für solche Waren, die, wie es in § 23 Abs. 1 Satz 1 TabStG heißt „entgegen § 17 Absatz 1", d. h. ohne Steuerzeichen, verbracht oder versandt werden.[123] Nach Art. 39 Abs. 2 der Systemrichtlinie stellt der Empfängerstaat, sofern er Steuerzeichen vorschreibt, diese den im Mitgliedstaat, aus dem verbracht wird, zugelassenen Lagerinhabern zur Verfügung. Diese bringen sie an, ohne dass allerdings ein Steuertatbestand entstanden wäre, denn im Ausland, und sei es auch in einem Mitgliedstaat, entsteht keine deutsche Tabaksteuer. Verwendet der Hersteller die Zeichen, entsteht bei der Verbringung nach Deutschland ebenfalls keine Steuer, so dass im Ergebnis in der Bundesrepublik Tabakwaren sind, die nie einem Steuertatbestand unterworfen waren: im Ausland nicht, weil dort deutsche Tabaksteuer nicht entstehen kann, bei der Verbringung nicht, weil Steuer nur entsteht, wenn Steuerzeichen nicht angebracht sind. Die Verwendung von Steuerzeichen dient der Publizitätswirkung und damit der Bekämpfung des Schmuggels. Ihre Verwendung ist ein Indiz für korrekte Vereinnahmung der Steuer – selbst, wenn ein Steuertatbestand nicht

---

120 BFH v. 2.8.1999, VII B 211/98, juris, stellt auf die tatsächliche Zugriffsmöglichkeit des Transportfahrers ab; nach BFH v. 10.10.2007, VII R 49/06, juris, mit Anm. Rüsken, BFH-PR 2008, 243 f., kommt es auf die Kenntnis des Fahrers nicht an, das Gemeinschaftsrecht kenne den Begriff des Besitzdieners nicht. Das ist wohl richtig, aber der BFH hätte besser darauf hingewiesen, dass sich das Gemeinschaftsrecht a priori nicht auf den rechtstechnisch ausgefeilten deutschen „Besitz" bezieht.
121 Jatzke, Europäisches Verbrauchsteuerrecht, 2016, C 36: autonome Auslegung losgelöst von sachenrechtlichen Begriffen der Mitgliedstaaten.
122 FG Düsseldorf, v. 18.4.2018, 4 K 123/16 VK, juris, Rn. 18. Wer keine Einwirkungsmöglichkeit hat, ist nicht Steuerschuldner. Das FG überträgt damit die für die harmonisierten Verbrauchstern geltenden Erwägungen auf die (nicht harmonisierte) Kaffeesteuer. Im Gegensatz hierzu Bongartz, FS Wolffgang, 2018, 541 ff. (550): Da die Systemrichtlinie in Art. 33 Abs. 1 die Ausgestaltung des Entstehungstatbestands den Mitgliedstaaten überlässt, könnte die Berücksichtigung nationalen Besitzrechts zulässig sein, soweit der Richtlinienrahmen nicht überschritten wird. Das würde bedeuten, dass bei nicht harmonisierten Verbrauchsteuern nationales Recht anwendbar ist und für die analoge Heranziehung von EU-Recht überhaupt kein Anlass besteht. M.E. hat das FG Düsseldorf recht, denn der Gesetzgeber kann in § 17 Abs. 2 KaffeStG nichts anderes gemeint haben als in § 23 Abs. 1 TabStG, da die Formulierungen gleich sind.
123 Gegenüber § 19 Satz 1 TabStG a. F., wonach die Steuer mit Verbringung oder Versendung entstand, hat sich sachlich nichts geändert, vgl. Höll, PStR 2011, 50 (51).

verwirklicht wurde. Das mag der Grund dafür sein, nur die nicht verkehrsfähigen, d. h. die Tabakwaren ohne Steuerzeichen, der Verbringungsteuer zu unterwerfen.[124] So entsteht die groteske Situation, dass einerseits der Steueranspruch nicht entsteht, weil ein (man muss schon sagen: fiktiver) Steuerbetrag durch Steuerzeichen entrichtet, d. h. bezahlt ist, andererseits der Hersteller die Steuerzeichen zum Zweck der Steuervermeidung anbringt, d. h. zur Verhinderung der bei der Verbringung entstehenden Steuer und vor allem zur Vermeidung der Sicherstellung, die § 23 Abs. 1 Satz 5 TabStG unter Verweisung auf § 215 AO vorsieht.

3. Privater Eigenverbrauch

Für private Zwecke ist das Verbringen durch Privatpersonen, vorausgesetzt, es geschieht für den Eigenverbrauch (also nicht für andere Personen, auch nicht als Geschenk), und die Ware wird vom Bezieher selbst in das Steuergebiet verbracht (nicht etwa durch andere Personen oder durch die Post bezogen), nach § 22 Abs. 1 TabStG steuerfrei. Ein „Privater" kann leicht zum gewerblichen Verbringer werden, schon dadurch, dass er Tabakwaren für Dritte mitbringt. Häufig wird in derartigen Fällen ein Irrtum über „den Steueranspruch" vorliegen, da in der Bevölkerung die Ansicht verbreitet ist, dass EU-intern freier Warenverkehr herrsche. Da ferner der Zoll gemäß § 1 Abs. 2 ZollVG auch den Verkehr mit verbrauchsteuerpflichtigen Waren über die Binnengrenze zu überwachen hat, muss § 32 Abs. 1 ZollVG (Nichtverfolgung von Bagatelltaten)[125] in diesem Zusammenhang entsprechend angewendet werden, soweit dieser Verkehr – abweichend vom Grundsatz – nicht abgabenfrei ist.[126]

Die Abgrenzung zum gewerblichen Gebrauch geschieht durch Berücksichtigung der in § 22 Abs. 2 Nr. 1 bis 4 TabStG erwähnten „Kriterien". Für bestimmte Mengen besteht steuerlich eine widerlegliche Vermutung des gewerblichen Gebrauchs. Strafrechtlich muss indessen der gewerbliche Gebrauch zur Überzeugung des Gerichts feststehen. Die Mengen bestimmt gemäß § 22 Abs. 4 TabStG der § 39 TabStV (derzeit für Zigaretten 800 Stück). Das fünfte VerbrStÄndG[127] hat § 22 TabStG um den neuen Abs. 3 ergänzt, wonach aus bestimmten Ländern, die die „globale Verbrauchsteuer" noch nicht erreicht haben, nur bis 300 Stück Zigaretten steuerfrei verbracht werden dürfen.[128] Darüber hinaus verbrachte Mengen *„gelten"* als gewerblich verbracht. Das ist steuerlich als Fiktion (anders als die Regelung in § 22 Abs. 4 TabStG, der von widerleglicher Vermutung

---

124 BSS-Bongartz, K 96, und FS Wolffgang, 2018, 541 ff. (545 f.).
125 § 32 ZollVG ist nicht mehr ein von Amts wegen zu beachtendes Verfahrenshindernis, sondern jetzt nur noch Sollvorschrift, dazu Ebner, GS Joecks, 2018, 401 ff., und LG Nürnberg-Fürth v. 15. 5. 2019, 18 Qs 51/18, ZfZ 2019, 313.
126 Die von Jäger in Joecks/Jäger/Randt, § 32 ZollVG, Rn. 10 und 18, vertretene offenbar andere Ansicht beruht auf der Annahme, der Warenverkehr sei grundsätzlich abgabenfrei. Das stimmt, aber nur im Grundsatz, und eine Ausnahme ist eben die gewerbliche Verbringungstabaksteuer.
127 Entwurf und Begründung: BT-Drucks. 17/3035.
128 Zur Begründung vgl. Entwurf, BT-Drucks. 17/3035, 6, Art. I, Nr. 10.

spricht) zu verstehen. Fraglich ist, ob sie strafrechtlich eine Widerlegung zulässt. Art. 4 der Richtlinie 2010/12/EU, auf die sich die Änderung stützt,[129] gestattet den Mitgliedstaaten, „eine Mengenbeschränkung von mindestens 300 Zigaretten zu verhängen." Wird die Änderung im Sinne der erwähnten Richtlinie verstanden, heißt dies, dass überschießende Mengen nicht steuerfrei sind. Aus der Formulierung „gelten", die den von der Richtlinie vorgegebenen Spielraum nicht ausschöpft, ist aber zu schießen, dass zumindest strafrechtlich der Nachweis privaten Gebrauchs zulässig ist.

4. Die strafbewehrte Handlungspflicht: Strafbarkeit nach § 370 Abs. 1 Nr. 2 AO

Nach § 23 Abs. 1 Satz 3 TabStG hat der Steuerschuldner unverzüglich eine Steuererklärung abzugeben. Steuerschuldner sind nach § 23 Abs. 1 Satz 2 TabStG der Lieferer, der Besitzer und der Empfänger, sobald er Besitz erlangt hat. Nach der Vorgängervorschrift, § 19 Satz 2 TabStG a. F., war Steuerschuldner neben Verbringer und Versender „der Empfänger, sobald er Besitz an den Tabakwaren erlangt hat." Empfänger war nach der zutreffenden Auslegung des BGH nicht, wer den Besitz an den Waren erst nach Abschluss der Verbringung erlangt.[130] Die Verbringung ist beendet, wenn die Waren „zur Ruhe gekommen sind", d. h. wenn sie „die gefährliche Phase des Grenzübertritts passiert haben und der Verbringer bzw. Versender sein Unternehmen insgesamt erfolgreich abgeschlossen hat." Im konkreten vom BGH entschiedenen Fall war die Lieferung aus dem Drittstaat nach Polen verbracht, dort zum Weitertransport gelagert und von der Angeklagten erst übernommen worden, als die Verbringung in Deutschland abgeschlossen war. Damit war die Angeklagte nicht „Empfängerin" i. S. des § 19 Satz 2 TabStG a. F., nicht Steuerschuldnerin, nicht erklärungspflichtig und nicht Hinterzieherin, wohl aber Steuerhehlerin (wegen der von anderen in Deutschland hinterzogenen Verbringungsteuer, der in Polen hinterzogenen Einfuhrabgaben Zoll und Einfuhrumsatzsteuer und auch wegen der in Polen hinterzogenen polnischen Einfuhrtabaksteuer).

Anders sieht es der BFH. Steuerschuldner i. S. des § 19 Satz 2 TabStG a. F. (und damit auch i. S. des heutigen § 23 Abs. 1 TabStG) soll jeder sein, der die Ware – auch nach Abschluss des Verbringungsverfahrens – in Besitz hält.[131] Diese An-

---

129 Vgl. Entwurf, BT-Drucks. 17/3035, 13.
130 BGH v. 2.2.2010, 1 StR 635/09, wistra 2010, 226, ergangen zu § 19 Satz 3 TabStG a. F., im Anschluss an die Rechtsprechung zur Einfuhr (BGH v. 18.7.2000, 5 StR 245/00, NStZ 2000, 594 = wistra 2000, 425; zuletzt BGH v. 14.3.2007, 5 StR 461/06, wistra 2007, 262 (264 f.)); dazu Rolletschke, PStR 2010, 112; Höll, PStR 2011, 50 f.; Allgayer/Sackreuther, NZWiSt 2014, 235 ff.; Rüsken, ZfZ 2014, 255 f.; Leplow, wistra 2014, 421 ff., und wistra 2016, 20 f.
131 BFH v. 11.11.2014, VII R 44/11, BFHE 248, 271, mit Bespr. Jäger in Joecks/Jäger/Randt, § 370, Rn. 398; Fey, BB 2015, 1512; Krüger, BFH/PR 2015, 181 f.; Weidemann, ZfZ. 2015, 111 f.; wie BFH Retemeyer/Möller, PStR 2017, 233 ff.; zur Definition des Besitzes vgl. FG Hamburg v. 19.1.2018, 4 V 260/17, juris: Der Besitzer eines Grundstücks ist nicht Besitzer von Tabakwaren, die sich (versteckt) in einem

sicht mag abgabenrechtlich richtlinienkonformer Auslegung des Art. 9 Abs. 1 Satz 1 RL 92/12 EWG geschuldet sein, allerdings ist die bisherige BGH-Rechtsprechung nicht, wie der BFH[132] meint, „überholt", denn strafrechtlich muss der bisherige Empfängerbegriff weiter verwendet werden, da die Auslegung an Hand der Richtlinie nicht der vom Strafrecht geforderten lex scripta entspricht.[133]

§ 19 Satz 2 TabStG a. F. ist durch den geltenden § 23 Abs. 1 Satz 2 TabStG geändert. Steuerschuldner ist nach deutschem Recht nunmehr, wer die Lieferung vornimmt oder die Tabakwaren in Besitz hält und der Empfänger, sobald er Besitz an den Tabakwaren erlangt hat. *Jäger* schließt hieraus, dass nunmehr jeder Besitzer, auch wer den Besitz erst nach Abschluss des Verbringungsverfahrens erlangt hat, Steuerschuldner ist. Das hätte zwar die erfreuliche Konsequenz, dass die zwischen BFH und BGH „gespaltene Auslegung" des Empfängerbegriffs aufgehoben wäre,[134] würde indessen die Schizophrenie ins Strafrecht hineintragen, indem faktisch der Tatbestand der Steuerhehlerei (§ 374 AO) bezogen auf die Vortat der Tabaksteuerhinterziehung abgeschafft wäre.[135] Tatsächlich erweckt § 23 Abs. 1 Satz 2 AO den Anschein, dass nunmehr neben dem Empfänger jeder (weitere) Besitzer die Steuer schulde, indessen würde damit Art. 33 Nr. 3 RL 2008/118 überdehnt, denn hierin heißt es,

Steuerschuldner der zu entrichtenden Verbrauchsteuer ist ... die Person, die die Lieferung vornimmt oder in deren Besitz sich die zur Lieferung vorgesehenen Waren befinden oder an die die Waren im anderen Mitgliedstaat geliefert werden.

Der Besitz muss sich auf die „zur Lieferung vorgesehenen Waren" beziehen. Richtlinienkonforme Auslegung führt also nicht zur Ausdehnung des Tatbestandsmerkmals „Besitz", sondern zu seiner Begrenzung auf die zur Lieferung vorgesehenen Waren. Es ist schleierhaft, wieso der deutsche Gesetzgeber daraus macht „oder die Tabakwaren in Besitz hält". Wahrscheinlich ist es wieder eine

---

auf seinem Grundstück geparkten LKW befinden; es fehlt die tatsächliche Sachherrschaft (Rn. 27 f.), jedenfalls solange er nicht Beteiligter am Schmuggel ist. Auch diese Entscheidung arbeitet sich an dem deutschen Begriff des Besitzes ab, ist aber im Ergebnis zutreffend, da sie unter Bezug auf die unter C.V.4.a) besprochene BFH-Entscheidung v. 10.10.2007, VII R 49/06, auf die „unmittelbare Obhut" abstellt. – Wenn der Senat von „Schmuggel" spricht, meint er offensichtlich den Gesamttransportvorgang von Weißrussland nach Deutschland. Die Waren wurden von Weißrussland nach Polen und von dort nach Deutschland verbracht. „Schmuggel" war also die Beförderung von außerhalb der EU nach Polen, die Weiterbeförderung dagegen innergemeinschaftliches Verbringen. Wäre der Grundstücksinhaber am einen oder anderen Vorgang beteiligt, könnte die Sachherrschaft anders beurteilt werden. Das FG Hamburg setzt natürlich als Prämisse die Rechtsprechung des BFH – nicht die des BGH – voraus.

132 BFH v. 11.11.2014, VII R 44/11, BFHE 248, 271, Rn. 17.
133 Statt aller: Jäger in Joecks/Jäger/Randt, § 370, Rn. 396 ff.; zu den Folgen für die Selbstanzeige vgl. unter D.
134 Jäger in: Steuerstrafrecht an der Schnittstelle zum Steuerrecht, Bd. 38 StJGes., 2015, S. 40 f., und in Joecks/Jäger/Randt, § 370, Rn. 399 ff.
135 Rüsken, ZfZ 2014, 255 f. (256).

der üblichen Schlampigkeiten, die dem innerstaatlichen Gesetzgeber bei der Richtlinienumsetzung widerfahren ist. Es hätte formuliert werden müssen

„Steuerschuldner ist, wer die Lieferung vornimmt oder die hierfür bestimmten Tabakwaren in Besitz hält ...".[136]

Nach meiner Ansicht hat *Jäger* zu früh „das Handtuch geworfen".[137]

Der BGH hält nunmehr auch nach der geänderten Fassung des § 23 TabStG an seiner bisherigen Rechtsprechung fest[138] – im Gegensatz zu der Auffassung des Senatsmitglieds *Jäger*.[139] Wortlaut und Systematik stützen diese Auffassung, teleologische und historische Auslegung stehen ihr nicht entgegen. Die Entscheidung hat auch deshalb Bedeutung, weil eine **Einziehung** des Wertes von Taterträgen nach § 73 Abs. 1, § 73c Satz 1 StGB in Höhe der ersparten Aufwendungen, nämlich der zunächst nicht festgesetzten Tabaksteuer, von vornherein nicht in Betracht kommt.[140]

Die Eigenschaft als Lieferer usw. i. S. von § 23 Abs. 1 Satz 2 TabStG begründet die für § 370 Abs. 1 Nr. 2 AO erforderliche Handlungspflicht.

Die Steuer entsteht mit Verbringung, in das Steuergebiet i. S. von § 1 Abs. 1 Satz 1 TabStG, d. h. mit Überschreiten der deutschen Grenze, und ist sofort fällig, § 23 Abs. 1 Satz 1 und 4 TabStG. Sieht man diese Bestimmung als besondere Regelung im Sinne des § 220 Abs. 2 Satz 1 AO, ist die Steuer reine Fälligkeitsteuer. Wird allerdings berücksichtigt, dass sie veranlagt wird, gilt § 220 Abs. 2 Satz 2 AO: Dann wird sie nicht vor Bekanntgabe der Festsetzung fällig. Veranlagung sieht § 23 Abs. 1 Satz 3 TabStG vor. Die in § 23 Abs. 1 Satz 4 TabStG angeordnete „sofortige Fälligkeit" harmoniert also nicht mit dem Festsetzungscharakter der Verbringungsteuer. Wenn die Steuer schon Fälligkeitsteuer ist, hätte sich eine Regelung wie bei der Umsatzsteuer angeboten, bei der die Anmeldung zugleich der Steuerbescheid ist (§ 18 UStG) – der bei der Verbringungstabaksteuer erst durch Festsetzung erlassen wird. Das TabStG hätte also eine Anmeldungs- und keine Erklärungspflicht anordnen müssen. Jedenfalls bleibt unklar, ob die Steuer schon mit der Verbringung oder (nach § 220 Abs. 2 Satz 2 AO) erst mit der Festsetzung fällig wird. Strafrechtlich ist dieses Problem belanglos:

Für die Verkürzung ist die Definition des § 370 Abs. 4 Satz 1 AO (Festsetzungsverkürzung) einschlägig. Ob die Verbringungsteuer daneben auch Fälligkeitsteuer ist, ist – sofern nicht der hier abgelehnten Auffassung gefolgt wird, neben der Festsetzungsverkürzung gebe es eine im Gesetz nicht ausdrücklich defi-

---

136 Aus dem Wort „oder" in § 23 Abs. 1 Satz 2 TabStG ist zu schließen, dass die Formulierung im 1. Halbsatz nur den Liefervorgang anspricht, so dass der Besitz nach Abschluss der Verbringung gar nicht angesprochen ist.
137 Weidemann, PStR 2016, 121 f.; im Erg. wie hier Middendorp, ZfZ 2011, 197 ff. (202); der Beitrag ist allerdings vor der zitierten BFH-Entscheidung veröffentlicht; ebenso Höll, PStR 2011, 50 f.
138 BGH v. 24. 4. 2019, 1 StR 81/18, juris.
139 Jäger in Joecks/Jäger/Randt, Steuerstrafrecht, 8. Aufl., § 370 Rn. 400.
140 BGH v. 4. 7. 2018, 1 StR 244/18, juris, Rn. 8.

nierte Zahlungsverkürzung – nur steuerlich, nicht aber strafrechtlich bedeutsam und zeigt, dass es dem Gesetz an der Harmonisierung zwischen Straf- und Steuerrecht gebricht. Die Steuer mag zwar schon mit der Verbringung oder Versendung fällig sein, aber Grundlage des Straftatbestands ist (erst) die unrichtige (§ 370 Abs. 1 Nr. 1 AO) bzw. unterlassene Erklärung (§ 370 Abs. 1 Nr. 2 AO).

Die Erklärung ist nach § 23 Abs. 1 Satz 3 TabStG „unverzüglich" abzugeben, d. h. nach der landläufigen, dem Zivilrecht entlehnten Definition „ohne schuldhaftes Zögern", also nicht bei Passieren der Grenze, wenn dort keine annahmebereite Zollstelle ist. „Unverzüglich" heißt nicht „sofort".[141] Im Gegensatz zum Einführer hat der Verbringer keine Gestellungspflicht an der Grenze, so dass er nicht verpflichtet ist, die Grenze nur dort zu überschreiten, wo sich eine Zollstelle findet. Andernfalls müsste das Gesetz bestimmen, dass bei Überschreiten der Grenze entweder anzumelden oder zumindest zu erklären ist.

Bei Unterlassungstaten beginnt der Versuch nicht vor dem Zeitpunkt, in dem der Täter bei pflichtgemäßem Verhalten hätte handeln müssen, d. h. wenn er die letzte Frist (in diesem Fall: die letzte Gelegenheit) zur Abgabe der Erklärung vorüberziehen lässt.[142] Die Handlungspflicht ist erst verletzt, wenn sich der Erklärungspflichtige von der nächstgelegenen annahmebereiten Zollstelle entfernt. Wird der Täter von einer mobilen Kontrollgruppe (MKG) aufgegriffen, muss er vor dieser, wird er am Amtsplatz abgefertigt, muss er dabei die Erklärung (u. U. auch mündlich) abgeben. Stellt ihn die MKG gleich hinter der Grenze, ist die Steuer zwar entstanden und möglicherweise auch sofort fällig, aber – wenn der Täter nunmehr die Erklärung vor der MKG abgibt – nicht hinterzogen, weil das Unverzüglichkeitsgebot des § 23 Abs. 1 Satz 3 TabStG nicht verletzt ist. Wird die Abfertigung ohne seine Steuererklärung beendet, ist die Handlungspflicht nicht erfüllt. Der Erfolg in Gestalt der unterbliebenen Festsetzung ist (quasi)kausal herbeigeführt, wenn der Zoll bei Erfüllung der Handlungspflicht veranlagt hätte.

5. Strafbarkeit des Verbringers nach § 370 Abs. 1 Nr. 3 AO?

§ 370 Abs. 1 Nr. 3 AO ist Unterlassungsdelikt, gebietet also eine Handlung, im konkreten Fall die Verwendung von Steuerzeichen. Zu deren Bezug sind nach § 17 Abs. 2 TabStG nur Hersteller, Einführer und Gleichgestellte berechtigt, wozu der Verbringer nicht gehört. Dem Verbringer ist also die durch § 370 Abs. 1 Nr. 3 AO gebotene Handlung unmöglich, womit m. E. die Strafbarkeit entfällt.[143] Der

---

141 BGH v. 7.11.2007, 5 StR 371/07, wistra 2008, 105 ff., nimmt entgegen § 19 Satz 3 TabStG a. F. eine „sofortige" Steuererklärungspflicht an (Rn. 26).
142 Vgl. MK-Schmitz/Wulf Nebenstrafrecht II, 3. Aufl. 2019, § 370 AO, Rn. 469.
143 Hampel, ZfZ 1996, 358, bei der Bespr. von FG Düsseldorf v. 1.12.1995, 4 V 5144/95 A (H), ZfZ 1996, 152 f. Die h. M. ist allerdings anderer Ansicht, vgl. Jäger in Joecks/Jäger/Randt, § 370, Rn. 392; Jäger, FS Amelung 2009, 447 ff. (465); Ransiek in Kohlmann, 63. Lfg. Mai 2019, § 370 Rn. 362; Ebner/Schlosser, PStR 2016, 118 ff. (120); Ebner, Verfolgungsverjährung, 303. BGH v. 11.7.2019, 1 StR 620/18, NJW 2019, 3012, Rn. 11, hat die Frage höchstrichterlich i. S. der h. M. geklärt: der Verbringer macht sich nach § 370 Abs. 1 Nr. 3 AO strafbar, obwohl er nicht zum Steuerzeichenbezug

Hinweis von Jäger auf die BFH-Entscheidung v. 10.10.2007 führt zu keinem andern Ergebnis, denn der BFH geht nur von der zutreffenden Voraussetzung aus, dass die Steuer mit Verbringung entsteht und sofort fällig ist, was aber nichts über die Strafbarkeit der unterlassenen Anbringung von Steuerzeichen aussagt.[144] Dass Strafbarkeitslücken entstehen, insbesondere dadurch, dass sich der Verbringer, worauf Jäger zu Recht hinweist, „auf der zum nächstgelegenen Zollamt liegenden Fahrtroute mit unversteuerten Zigaretten im freien Verkehr ohne jegliche zollamtliche Überwachung bewegen" kann,[145] trifft zu. Indessen ist es nicht Aufgabe der Strafjustiz, durch extensive Anwendung von Straftatbeständen Nachlässigkeiten des Gesetzgebers bei der Ausgestaltung der Steuerrechtslage zu beheben. Sieht das Gesetz – trotz sofortiger Fälligkeit der Steuer – eine Gestellungs- oder Anmeldepflicht bei Überschreiten der Grenze nicht vor, dann verbleibt es bei der Verpflichtung zur lediglich „unverzüglichen" Erklärung gemäß § 23 Abs. 1 Satz 3 TabStG. Für den Nichtbezugsberechtigten folgt die Strafbarkeit demnach nicht aus § 370 Abs. 1 Nr. 3 AO, sondern nur aus § 370 Abs. 1 Nr. 2 AO, wenn er dieser Erklärungspflicht nicht nachkommt.

6. Konkurrenzen

Wird mit Jäger die Strafbarkeit des Verbringers, der Steuerzeichen nicht verwendet, nach § 370 Abs. 1 Nr. 3 AO bejaht,[146] stellt sich die Konkurrenzfrage. Die beiden Unterlassungen, das Erklärungsdelikt nach §§ 370 Abs. 1 Nr. 2 AO, 23 Abs. 1 Satz 3 TabStG und das Verwendungsdelikt nach § 370 Abs. 1 Nr. 3 AO sind eng verzahnt. Früher wurde Tateinheit angenommen.[147] Vermutlich wird der BGH künftig im Anschluss an *Jäger* von Gesetzeskonkurrenz ausgehen, wobei das Erklärungsdelikt nach § 370 Abs. 1 Nr. 2 AO hinter das Verwendungsdelikt nach § 370 Abs. 1 Nr. 3 AO als mitbestrafte Nachtat zurücktritt: „Mitbestraft und damit straflos ist eine selbständige strafbare Handlung dann, wenn durch sie der Erfolg einer Vortat nur ausgenutzt oder gesichert wird und ihr gegenüber der Vortat kein eigenständiger weitergehender Unrechtsgehalt zukommt."[148] Dass die Rechtsprechung Gesetzeskonkurrenz annehmen wird, wäre nach der zur

---

berechtigt ist. Nach Hampel ist § 370 Abs. 1 Nr. 3 AO außerdem Auffangtatbestand gegenüber Nr. 1 und Nr. 2, und nur geschaffen, weil das TabStG ursprünglich keine Erklärungspflichten vorsah. M. E. besteht zwischen § 370 Abs. 1 Nr. 3 AO einerseits und Nr. 1 und Nr. 2 andererseits Idealkonkurrenz, näher Weidemann, wistra 2017, 136 (139). Anders BGH v. 11.7.2019, 1 StR 620/18, NJW 2019, 3012, Rn. 11: Nr. 2 mitbestrafte Nachtat nach Nr. 3.

144 Jäger in Franzen/Gast/Joecks, § 370, Rn. 225b, unter Hinweis auf BFH v. 10.10.2007, VII R 49/06, BFHE 218, 469.
145 Jäger in Franzen/Gast/Joecks, § 370, Rn. 225b.
146 Jäger in Joecks/Jäger/Randt, § 370, Rn. 391, und Amelung-FS, 2009, 447 ff. (465).
147 Jäger mit ausführlicher Begründung in Amelung-FS, 2009, 447 ff. (468); anders neuerdings in Joecks/Jäger/Randt, § 370, Rn. 395 (mitbestrafte Nachtat). Die Konkurrenzfrage ist noch nicht hinreichend geklärt.
148 Jäger in Joecks/Jäger/Randt, § 370, Rn. 395.

Konkurrenz zwischen USt-Voranmeldung und -Jahreserklärung ergangenen Entscheidung folgerichtig.[149]

7. Durchleitung durch mehrere Mitgliedstaaten

Werden Tabakwaren in das Gebiet der Union ein- und durch mehrere Mitgliedstaaten durchgeführt, endet das Erhebungsrecht des Staates, wenn die Ware sein Gebiet verlässt.[150] In dem entschiedenen Fall wurden Zigaretten in einen Mitgliedstaat der Union eingeführt, von dort nach Deutschland verbracht und nach Großbritannien weiterbefördert. Deutschland hat sein Erhebungsrecht nur, solange sich die Ware auf seinem Staatsgebiet befindet. Das ändert nichts an der vollendeten Steuerhinterziehung durch Unterlassen nach § 370 Abs. 1 Nr. 2 AO, wenn nach Überschreiten der deutschen Grenze nicht unverzüglich eine Steuererklärung abgegeben wird, § 23 Abs. 1 Satz 3 TabStG. Hinterzogen ist die deutsche Verbringungstabaksteuer. An dieser Entscheidung ist mehreres bemerkenswert:

a) Verbot der Doppelbelastung?

Der BGH geht davon aus, dass das die Ware „im Ergebnis" nicht mit den Verbrauchsteuern mehrerer Mitgliedstaaten belastet sein darf.[151] Er schließt dies aus der Erstattungsmöglichkeit von in anderen Mitgliedstaaten erhobener Verbrauchsteuer. Im entschiedenen Fall waren die Zigaretten ohne Gestellung von der Ukraine aus nach Polen in das Unionsgebiet eingeführt und von dort aus nach Deutschland verbracht worden. Durch die Einfuhr entstanden Zoll, Einfuhrumsatzsteuer und polnische Einfuhrtabaksteuer. Der BGH gibt den Tatgerichten für künftige Fälle „freie Hand", die Verfolgung nach §§ 154, 154a StPO auf die deutsche Verbringungstabaksteuer (natürlich neben Einfuhrumsatzsteuer und Zoll) zu beschränken und nicht auf die in anderen Mitgliedstaaten entstandene Verbringungssteuer – im konkreten Fall polnische Einfuhrtabaksteuer – auszudehnen. Das soll den Tatgerichten schwierige Feststellungen zum ausländischen Tabaksteuerrecht ersparen. Diese Ausführungen sind lediglich Randbemerkungen, denn die Vorinstanz hatte nur wegen Hinterziehung von Zoll und Einfuhrumsatzsteuer verurteilt und deutsche Tabaksteuer nicht einmal erwähnt.

---

149 BGH v. 25.10.2018, 1 StR 7/18, wistra 2019, 203, mit Anm. Rolletschke. Es kommt darauf an, wo der Unrechtsschwerpunkt liegt. „Das Verhältnis zwischen Umsatzsteuervoranmeldung und Umsatzsteuerjahreserklärung ist eines der Gesetzeskonkurrenz in Form der mitbestraften Vortat", so der BGH in Rn. 8. Der Unrechtsschwerpunkt liegt in der Nichtabgabe der Jahreserklärung, so dass die Nichtabgabe der Voranmeldungen mitbestrafte Vortaten sind. Das Verhältnis des Erklärungsdelikts zum Verwendungsdelikt ist umgekehrt: Der Schwerpunkt liegt in der Nichtverwendung von Steuerzeichen, das Erklärungsdelikt ist mitbestrafte Nachtat.
150 BGH v. 14.10.2015, 1 StR 521/14, wistra 2016, 74, mit zust. Anm. Leplow; besprochen von Küchenhoff, NZWiSt 2018, 90 ff., und Bauer, NZWiSt 2018, 85 ff..
151 BGH v. 2.2.2010, 1 StR 635/09, wistra 2010, 226 (dagegen Möller/Retemeyer, Steuerstrafrecht, 45. Lfg., C 1749).

Diese obiter dicta werden in der Entscheidung von 2015[152] tragend, denn in Rn. 30 wird eine Einzelstrafe aufgehoben, weil neben deutscher Verbringungstabaksteuer auch die Einfuhrtabaksteuer des Einfuhrmitgliedstaats bei der Strafzumessung berücksichtigt wurde.[153] In der Entscheidung aus 2010 hatte der BGH dagegen nur Verfolgungsbeschränkung angeregt. Ob die – von *Möller/Retemeyer* vehement bestrittene[154] – Prämisse des BGH, die Ware dürfe nicht mehrfach verbrauchsteuerbelastet werden, unionsrechtlich zutrifft, kann in diesem Zusammenhang dahinstehen: Jedenfalls kann nach meiner Ansicht aus der Erstattungsmöglichkeit der Verbrauchsteuer im andern Mitgliedstaat nicht geschlossen werden, dass dies die Steuerverkürzung ausschließe. Die Erstattungsmöglichkeit ist zumindest ein „anderer Grund" i. S. von § 370 Abs. 4 Satz 3 AO. Um die Gerichte von der schwierigen Ermittlung ausländischen Rechts zu entlasten, reicht die Verfolgungsbeschränkung nach §§ 154, 154a StPO aus.

b) Fälle von Nichtfestsetzung

Die beiden im Anschluss an die Rechtsprechung des EuGH ergangenen BGH-Entscheidungen zeigen, dass es tatsächlich Fälle von „Nichtfestsetzung" i. S. des § 370 Abs. 4 Satz 1 AO gibt. Wenn die Ware die Grenze zum anderen Mitgliedstaat passiert, verliert Deutschland sein Festsetzungsrecht. Das gilt nicht, wenn die Grenze der EU überschritten wird, die Ware also nicht in einen anderen Mitgliedstaat wandert, sondern das Gebiet der Union verlässt: Der Staat außerhalb der Union erhebt keine Unionssteuer, daher geht in diesem Fall das Erhebungsrecht nicht über, sondern verbleibt bei dem Mitgliedstaat.

c) Chance für den Fiskus durch das neue Recht der Vermögensabschöpfung

Eine interessante Perspektive eröffnet sich unter dem Blickwinkel der Vermögensabschöpfung.[155] Nach § 73 Abs. 1 StGB ist dasjenige, was der Täter „durch" die rechtswidrige Tat erlangt hat, einzuziehen. Im Fall der Steuerhinterziehung kann das der geldwerte Vorteil in Gestalt der geschuldeten Steuer sein.[156] Da die Einziehung dieses „Etwas" wegen seiner Beschaffenheit nicht möglich ist, ordnet das Gericht nach § 73c Satz 1 StGB die Einziehung eines Geldbetrags an, der der Steuerverkürzung entspricht (Wertersatz). Der Erlös aus der Verwertung des Erlangten wird nach § 459h Abs. 2 StPO „an den Verletzten, dem ein Anspruch auf Ersatz des Wertes des Erlangten aus der Tat erwachsen ist" ausgekehrt. Verletzter kann auch der Fiskus sein. Über den dem Verletzten zustehenden Anspruch entscheidet die Staatsanwaltschaft als Vollstreckungsbehörde. Nur der Betrag darf ausgekehrt werden, der dem Steueranspruch entspricht. Besteht

---

152 BGH v. 14.10.2015, 1 StR 521/14, wistra 2016, 74.
153 Überraschend, wie Leplow in der Anmerkung sagt, denn in Rn. 6 des Beschlusses ist nur von Zoll, nicht aber Einfuhrtabaksteuer die Rede, aber offenbar hat das Tatgericht auch Tabaksteuer des fremden Mitgliedstaats zugrundegelegt.
154 Möller/Retemeyer, Steuerstrafrecht, 41. Lfg., C 1725 h.
155 Dazu Weidemann, PStR 2018, 8 ff., und 115 ff.
156 Köhler, NStZ 17, 497 (503), Bittmann/Tschakert, wistra 2019, 433 ff.

ein Steueranspruch, oder hat ihn der Staat zugleich mit dem Erhebungsrecht verloren? Ein Abgabenbescheid darf nicht mehr ergehen. Das Erhebungsrecht ist erloschen. Damit scheidet das vereinfachte Nachweisverfahren nach § 459k Abs. 5 Satz 1 und 2 StPO aus. Der verletzte Fiskus kann einen Abgabenbescheid nicht vorlegen. Indessen ist er geschädigt.

Das Gesetz nennt den „aus der Tat" erwachsenen Anspruch. Das ist nicht der Steueranspruch, denn dieser erwächst nicht aus der Tat, sondern aus dem Besteuerungstatbestand. Anspruchsgrundlage ist vielmehr § 459h Abs. 1 Satz 1 StPO als selbstständige Anspruchsgrundlage.[157] Der Fiskus ist geschädigt, da die Steuer nicht festgesetzt worden ist und nicht mehr festgesetzt werden kann. Letzteres ist geradezu charakteristisch für die Verkürzung durch Verursachung der „Nichtfestsetzung".

Die Entschädigung nach dem Vermögensabschöpfungsrecht widerspricht nicht unionsrechtlichen Vorgaben, denn Einziehung und Entschädigung sind nicht Besteuerung, sondern die strafrechtliche Folge aus der Steuerhinterziehung. Damit ergibt sich die eigenartige Konsequenz, dass der Fiskus die Steuer zwar nicht mehr erheben darf, weil er sein Festsetzungsrecht verloren hat, aber über das Einziehungsverfahren eine dem Steueranspruch entsprechende Entschädigung erhalten kann. All dies steht unter der Voraussetzung, dass als „erlangt" der der geldwerte Vorteil in Gestalt der geschuldeten Steuer angesehen wird.

8. Verbringung nach Deutschland über einen nicht bekannten Mitgliedstaat

a) Die Grundregel

Nach Art. 87 Abs. 1 UAbs. 2 UZK entsteht die Zollschuld dort, wo der Zolltatbestand erfüllt ist, also bei der Einfuhr von außerhalb der Union in dem Mitgliedstaat, über den in die Union eingeführt wird. Eine **Ausnahme** sieht Art. 87 Abs. 4 UZK für kleinere Beträge vor (Zollschuldbetrag unter 10.000 €): Die Bestimmung enthält über den Ort der Zollschuldentstehung eine **Fiktion**. Die Zollschuld „gilt" als dort entstanden, wo sie festgestellt wird, d. h. wenn die Zollbehörden feststellen, dass eine Zollschuld in einem anderen Mitgliedstaat entstanden ist, wird als Entstehungsort der Ort der Feststellung fingiert. Das dient der Erleichterung der Erhebung, ist also eine Zuständigkeitsregel für die Zollverwaltung des Mitgliedstaates, in dem die Zollschuldentstehung festgestellt wird. Auf Verbrauchsteuern und Einfuhrumsatzsteuer ist diese Regelung nicht anwendbar.[158]

---

157 Mansdörfer, JM 2017, 122 (127).
158 Deimel in Dorsch, 161. Lfg., Art. 87 UZK, Rn. 18; zu Art. 215 ZK dort, 150. Lfg., Rn. 5.

b) Der Fall

Der BFH sah dies für die entsprechenden Bestimmungen des Art. 215 Abs. 1, 1. Anstrich ZK anders:[159]

Zigaretten wurden aus der Ukraine in einen (unbekannten) Mitgliedstaat eingeschmuggelt und später nach Deutschland verbracht. Das HZA setzte neben Zoll auch Einfuhrumsatzsteuer und Tabaksteuer fest, wobei es letztere (grundsätzlich zulässig) in die Bemessungsgrundlage der Einfuhrumsatzsteuer einbezog. Der Kläger hielt das für unzulässig, da die Tabaksteuer im Zeitpunkt des Verbringens in das Zollgebiet nicht entstanden sei. Der BFH folgte jedoch dem HZA und sah die Einfuhrumsatzsteuer als im Zeitpunkt der Sicherstellung durch den Zoll entstanden an, also in Deutschland – und nicht etwa in dem früher liegenden Zeitpunkt der Einfuhr in den anderen Mitgliedstaat. Das war nur unter Heranziehung des Art. 215 Abs. 1 ZK möglich. Demnach war die Tabaksteuer vorher entstanden, nämlich, wie der BFH ausführt, mit dem Verbringen in das deutsche Steuergebiet. Das ist in sich schlüssig, denn die Tabaksteuer entstand mit der Verbringung und nicht erst mit der Steuererklärung (auch wenn der Verbringer nach § 19 Abs. 3 TabStG a. F. unverzüglich eine Erklärung abzugeben hatte). Nach dieser Ansicht sollen also die ZK- Regelungen über den Zoll Auswirkungen auf die nationalen Abgaben, d. h. Verbrauchsteuern einschließlich der Einfuhrumsatzsteuer haben, da diese im grenzüberschreitenden Verkehr der Zollschuldentstehung folgen.[160] Heute schließt die abschließende Regelung in der Systemrichtlinie die Anwendung des Art. 87 UZK auf Verbrauchsteuern aus,[161] und zwar für die Tabaksteuer schon deshalb, weil nach § 21 Abs. 3 TabStG die Zollvorschriften jedenfalls nicht für die Entstehung der Tabaksteuer gelten. Der BFH-Entscheidung lag noch das TabStG a. F. zugrunde, nach dessen § 21 TabStG a. F. die Zollvorschriften auch für die Entstehung der Tabaksteuer galten. Folglich bleiben jedenfalls nach heutigem Recht auch in dem Ausnahmefall des Art. 87 Abs. 4 UZK die Behörden des anderen Mitgliedstaats für die Erhebung der Einfuhrumsatzsteuer zuständig und ist die Tabaksteuer nicht in deren Bemessungsgrundlage einzubeziehen.

c) Steuerstrafrechtliche Folgen

Strafrechtlich hat die hier vertretene Ansicht folgende Konsequenz: Hinterzogen sind Zoll durch Nichtgestellung bei der Einfuhr in den anderen Mitgliedstaat. Auch wenn unbekannt ist, in welchen Staat eingeführt wurde, steht doch fest, dass die Ware in das Gebiet der Gemeinschaft gelangt ist. Ferner ist deutsche Verbringungstabaksteuer hinterzogen. Der Steuerschuldner, wozu der Verbringer gehört, hat unverzüglich eine Steuererklärung abzugeben. Einfuhrta-

---

159 BFH v. 22.5.2012, VII R 50/11, BFHE 237,554; gleichlautend BFH, v. selben Datum, VII R 51/11, BFHE 237, 559, mit Bespr. Leplow, wistra 2014, 421 ff.; ebenso Witte, ZK, 6. Aufl. 2013, Art. 215, Rn. 3.
160 Witte, ZK, 6. Aufl. 2013, Art. 215, Rn. 3; anders möglicherweise UZK, 7. Aufl., Art. 87, Rn. 2, worin auf Deimel in Dorsch, 161. Lfg., Art. 87 UZK, Rn. 6 f.verwiesen wird.
161 Deimel in Dorsch, 161. Lfg., Art. 87 UZK, Rn. 6 f., und für die EinfUSt in Rn. 8.

baksteuer des anderen Mitgliedstaats setzt dagegen voraus, dass dieser eine derartige nationale Tabaksteuer erhebt; das Entsprechende gilt für die nationale Einfuhrumsatzsteuer dieses Staates. Nicht entstanden und daher auch nicht hinterzogen ist deutsche Einfuhrumsatzsteuer. Diese entsteht nach der BFH-Rechtsprechung nur, wenn die Fiktion des Art. 215 Abs. 1 ZK (Art. 87 Abs. 1 UZK) angewendet wird, entsprechend Art 87 Abs. 1 UZK – wie der Zoll – als deutsche Steuer, wobei dann auch noch die Tabaksteuer in die Bemessungsgrundlage einzubeziehen ist. Nicht entsteht ferner deutsche Einfuhrtabaksteuer, da die Ware nicht über Deutschland in die Union gelangt ist, sondern über den unbekannten Mitgliedstaat.

Abgesehen davon: Folgt man der BFH-Rechtsprechung und lässt die Einfuhrtabaksteuer als deutsche Steuer entstehen, kann nicht gleichzeitig deutsche Verbringungssteuer (durch Verbringung aus dem anderen unbekannten Mitgliedstaat nach Deutschland) entstanden sein.

d) Reichweite der Fiktion

Bei der Frage nach der Reichweite der zollrechtlichen Fiktion geht es folglich um **2 Problemkreise**: Zum einen, wie weit sie auf Steuern (Einfuhrumsatzsteuer und andere Verbrauchsteuern) zu erstrecken ist, zum anderen, ob die abgabenrechtliche Fiktion, die der Steuererhebung dient, auch strafrechtlich anzuwenden ist. Wird die Fiktion auf Steuern nicht erstreckt, hat die zweite Frage ihre Brisanz verloren, denn dann gilt sie nur für den Zoll, und dass dieser entstanden ist, steht fest, da sich die Ware auf dem Gebiet der Union befindet und nicht gestellt wurde. Da nach heutigem Tabaksteuerrecht die Zollvorschriften nicht für die Entstehung der Steuer gelten, hat sich die Frage nach der Übertragung der Fiktion auf das Strafrecht für das Tabaksteuerrecht erledigt.

VI. Einfuhrabgaben

Bei Einfuhr aus Drittländern in die EU entstehen die nationale **(Einfuhr)tabaksteuer** des Mitgliedstaates, in den eingeführt wird, ferner **Zoll** nach den Vorschriften der Gemeinschaft sowie die nationale **Einfuhrumsatzsteuer**.

1. Zollrecht und Verbrauchsteuerrecht

Nach § 21 Abs. 3 Satz 1 TabStG gelten die Zollvorschriften sinngemäß, allerdings nur für Fälligkeit, Zahlungsaufschub usw. aber – im Gegensatz zum früheren Recht – nicht für die **Entstehung** der Steuer. Diese richtet sich nunmehr nach den Verbrauchsteuergesetzen.[162] Infolgedessen gilt Art. 79 Abs. 3 Buchst. c UZK, wonach Zollschuldner auch Erwerber und Besitzer vorschriftswidrig verbrachter Tabakwaren Zollschuldner werden, nicht (mehr) für das TabStG. Da dieses auch nicht die Regelungen in Art. 7 Abs. 2 Buchst. b und in Art. 8 Abs. 1 Buchst. b der Systemrichtlinie übernommen hat, wonach der Besitz verbrauchsteuerpflichtiger Waren als Überführung in den steuerlich freien Verkehr gilt und

---

162 Vgl. die Begründung des Gesetzentwurfs, BT-Drucks. 16/12257, 79, zu § 21.

jeder Besitzer verbrauchsteuerpflichtige Waren Steuerschuldner wird, sind Steuerschuldner im Fall der Einfuhr nur die in § 21 Abs. 2 TabStG Genannten, d. h. Anmelder bzw. zur Anmeldung Verpflichteter und an der Einfuhr Beteiligter.[163]

Auch sonst ist im Verbrauchsteuerrecht manches anders als im Zollrecht.[164] So sind etwa Freihäfen zollrechtlich Freizonen, gehören zwar grundsätzlich zum Zollgebiet der Union (Art. 243 Abs. 1 UZK), aber dort gelagerte Nicht-Unionswaren werden als noch nicht im Zollgebiet befindlich angesehen. Sie werden bei der Einfuhr so behandelt, als seien sie nicht im Unionsgebiet.[165] Faktisch sind Freizonen zollrechtlich „Ausland". Verbrauchsteuerrechtlich gehören sie aber zum deutschen Steuergebiet. Das ergibt sich aus § 1 Abs. 1 Satz 2 TabStG: Steuergebiet ist das Gebiet der Bundesrepublik Deutschland ohne Büsingen und Helgoland. Freizonen sind nicht ausgenommen.[166]

Das hat Konsequenzen, wie der folgende **Fall** zeigt:

Die Klägerin unterhielt im (damals noch nicht aufgehobenen) Freihafen Hamburg ein Steuerlager und beförderte hieraus Tabak- und andere verbrauchsteuerpflichtige Waren an Seeschiffe, ohne dass die Waren den Freihafen verließen.[167] Der BFH: Nach § 15 Abs. 2 Nr. 1 TabStG entstand die Tabaksteuer durch die Entnahme aus dem Steuerlager, denn damit wurde sie in den steuerrechtlich freien Verkehr überführt, da sich kein weiteres Verfahren der Steueraussetzung anschloss. Dass die Ware die Freizone des Hafens nicht verlassen hatte, hindert die Überführung in den freien Verkehr nicht. Die Klägerin meinte, erstens sei die Ware nicht in den freien Wirtschaftskreislauf des Steuergebiets gelangt, und zweitens sei durch die Beförderung der Ware mit Lieferzettel nach § 27 ZollV die Steueraufsicht gewährleistet gewesen. Dem folgte der BFH nicht, Freihafen sei

---

163 FG Kassel v. 23. 8. 2016, 7 V 786/16, juris. Der Antragsteller in diesem AdV-Verfahren hatte nicht versteuerte eingeführte Zigaretten erworben, war aber weder an der Einfuhr beteiligt noch Anmelder, so dass das FG den der Vollziehung des Steuerbescheids aussetzte, da der Besitz allein keinen Steueranspruch begründete. Folgerung für das HZA: Es hätte besser einen Haftungsbescheid nach §§ 71, 374 AO erlassen sollen.
164 Zur Abgrenzung der Verbrauchsteuer zum Zoll BSS-Bongartz, C 32 ff.
165 Weerth in Dorsch, 171. Lfg., § 20 ZollVG, Rn. 3; der UZK und seine Durchführungsbestimmungen enthalten keine ergänzenden Vorschriften über Freizonen. Details (aber keine Definitionen) finden sich in §§ 20 ff. ZollVG und in § 26 ZollV; die unterschiedlichen Kontrolltypen gibt es heute nicht mehr; vgl. Kock in Dorsch, 161. Lfg., Art. 243 UZK, Rn. 3 und 4. Der Hamburger Freihafen ist aufgehoben.
166 Die deutsche Regelung steht im Einklang mit der Richtlinie des Rates 2008/118/EG v. 16. 12. 2008 über das allgemeine Verbrauchsteuersystem (Systemrichtlinie). Deren Art. 5 legt als Verbrauchsteuergebiet das Gebiet der Gemeinschaft fest und bestimmt die Ausnahmen, worin Freizonen nicht enthalten sind.
167 FG Hamburg v. 13. 12. 2012, 4 K 8/12, juris, besprochen von Demuth/Billau, BB 2013, 1180 ff.; bestätigt durch BFH v. 9. 4. 2014, VII R 7/13, ZfZ 2015, 28; Anm. Tiemann, ZfZ 2015, 31 ff., vom Sinn her könnte die Freizone auch Verbrauchstern erfassen wegen deren Ähnlichkeit mit dem Zoll, ferner zur Frage, inwiefern ein bloßer Formverstoß zur Steuerentstehung führt (im konkreten Fall fehlte ein Verwaltungsdokument).

Steuergebiet, und Steueraussetzung oder Steuerbefreiung haben sich nicht angeschlossen.

Der Ausgangspunkt der Entscheidung ist überzeugend: **Freizonen sind verbrauchsteuerlich nicht Ausland** wie im Zollrecht, sondern gehören zum Steuergebiet. Das war unter Geltung des ZK nicht anders als heute nach Einführung des UZK. Es kam damals und kommt heute nicht darauf an, ob verbrauchsteuerpflichtige Ware nach Entnahme aus dem Steuerlager den Freihafen verlässt oder nicht.

Eine andere Frage ist, ob die deutsche Regelung, wonach die Steuer allein durch die Entnahme aus dem Steuerlager in den steuerrechtlich freien Verkehr überführt wird und damit entsteht, richtlinienkonform ist. Nach der französischen Version der RL 2008/118/EG (Systemrichtlinie) wird die accise exigible ... „au moment de la consommation", nach der englischsprachigen „at the time of release for consumtion." Diese Formulierungen verlangen also das Ziel des **Verbrauchs**. Deshalb hätte sich der BFH durchaus mit dem klägerischen Argument befassen dürfen, dass die Ware durch den Transport vom Freihafen aufs Schiff nicht in den Wirtschaftskreislauf gelangt ist. Aber mit den Sprachen hat es die Rechtsprechung offenbar nicht, sie legt die deutsche Fassung einer RL wie ein deutsches Gesetz aus: Dass dem Wortlaut mitunter nicht die Bedeutung zukommt, wie wir es von der innerstaatlichen Gesetzgebung gewohnt sind, wird nicht gesehen. Man müsste zumindest einmal die unterschiedlichen Fassungen vergleichen und erforschen, was gemeint sein könnte. Leider gibt es keine „verbindliche" Sprachfassung. Darin liegt ein Problem.

Nicht ganz abwegig war auch das Argument, dass schließlich die Steueraufsicht gewährleistet sei. Im konkreten Fall konnte es offensichtlich nicht durchschlagen, weil die Steueraufsicht beendet war, als die Ware die Freizone verließ. Wenn sie im Steuerlager hergestellt wurde, ist das richtig. Wir wissen aus dem mitgeteilten Sachverhalt aber nicht, wie die Ware in das Steuerlager gelangt ist. Wenn das Zollüberwachungsverfahren (dazu unter **2.a)aa)** noch andauerte, endete es nicht mit dem Verlassen des Steuerlagers, so dass sich die Ware auch danach noch in einem (verbrauchsteuerlichen) Nichterhebungsverfahren befand. Dazu hat allerdings die Klägerseite offenbar nichts vorgetragen, andernfalls hätte die erste Instanz im Tatbestand etwas hierzu ausgeführt.

2. Besonderheiten bei der Entziehung aus der zollamtlichen Überwachung

Nichtunionsware unterliegt nach Art. 134 Abs. 1 Satz 1 UZK ab dem Zeitpunkt ihres Eingangs im Zollgebiet der Union der **zollamtlichen Überwachung**.[168] Diese besteht nach Art. 5 Nr. 27 UZK „aus allgemeinen Maßnahmen der Zollbehörden mit dem Ziel, die Einhaltung der zollrechtlichen Vorschriften und gegebenenfalls der sonstigen Vorschriften zu gewährleisten, die für Waren gelten, die solchen Maßnahmen unterliegen." Die Waren bleiben unter zollamtlicher

---

168 Zum Folgenden Benjamin Küchenhoff, NZWiSt 2018, 90 f.

Überwachung, bis sich ihr zollrechtlicher Status ändert oder sie aus dem Zollgebiet der Union verbracht oder zerstört werden, Art. 134 Abs. 1 Satz 5 UZK. Die Entziehung aus der zollamtlichen Überwachung (d. h. die Entfernung ohne Erlaubnis)[169] löst eine Zollschuld nach Art. 79 Abs. 1 Buchst. a 2. Alt. UZK aus, da eine „Verpflichtung ... in Bezug auf das Entziehen dieser Waren aus der zollamtlichen Überwachung" nicht erfüllt ist,[170] wie es die deutsche Übersetzung des Art. 79 Abs. 1 Buchst. a UZK in sprachlich unübertrefflicher Geschmeidigkeit formuliert.[171] Entzieher ist jeder, der die Ware entfernt, nicht nur der Inhaber des Verfahrens, sondern auch ein Dieb.[172] Zieht die Entziehung auch **Strafbarkeit** nach sich? Sie ist **Realakt** und keine Erklärung, so dass der Entfernungsakt selbst von dem Erklärungsdelikt des § 370 AO nicht erfasst wird.

Die Frage ist, ob aus Art. 158 Abs. 1 UZK eine der Entziehung *vorgelagerte* **Erklärungspflicht** folgt. Nach Art. 158 Abs. 1 UZK sind alle Waren, die in ein Zollverfahren überführt werden sollen, anzumelden. Zollverfahren ist nach der Definition des Art. 4 Nr. 16a UZK auch die Überlassung zum zollrechtlich freien Verkehr. Diese verlangt allerdings, dass die Waren *ordnungsgemäß*, d. h. mit Genehmigung der Zollbehörde, überführt werden. Wer Ware der zollamtlichen Überwachung entzieht, will sicherlich keine (regelgerechte) Überlassung zum zollrechtlich freien Verkehr, sondern die Ware ohne ordnungsgemäße Überlassung in den Wirtschaftskreislauf der Union einführen. Zum Vergleich: Wer Ware aus einem Zollager entwenden will, muss seinen beabsichtigten Diebstahl nicht „anmelden".[173] Anmeldepflicht besteht nur für Waren, die regelgerecht in den zollrechtlich freien Verkehr überlassen werden sollen, nicht dagegen für den Entzug aus der Überwachung. Man muss schon Kapriolen schlagen, um zu einer (vorgelagerten) Erklärungspflicht des Entziehers zu gelangen. Abgabenrechtlich mag eine generelle Pflicht, auch die (beabsichtigte) illegitime Überführung in den freien Verkehr, und damit die Überwachungsentziehung, anzuzeigen, aus Art. 158 Abs. 1 UZK herausgelesen werden:[174] Soll aber die Verpflichtung Grund-

---

169 Küchenhoff, NZWiSt 2018, 92; Definition in EuGH v. 11. 7. 2013, C-273/12, ZfZ 2014. 22 ff., Leitsatz 2: „jede Handlung oder Unterlassung, die dazu führt, dass der zuständige Zollbehörde auch nur zeitweise am Zugang zu einer unter zollamtlicher Überwachung stehenden Ware und an der Durchführung der vom Zollrecht vorgesehenen Prüfungen gehindert wird. Das ist der Fall, wenn Waren entwendet werden, die sich in einem Nichterhebungsverfahren befinden.".
170 Deimel in Dorsch, 161. Lfg. 2016, Art. 77, Rn. 15; Witte, UZK, 7. Auf., Art. 77, Rn. 7 ff. und Rn. 46, im Anschluss an EuGH v. 1. 2. 2001, C-66/99, ZfZ 2001, 121.
171 Etwas prägnanter die englische Version „obligations ... concerning ... their removal from customs supervision ...".
172 EuGH v. 11. 7. 2013, C-273/12, ZfZ 2014. 22 ff.
173 Die ältere Literatur, z. B. Bender, Steuerstrafrecht, in der von ihm bearbeiteten Auflage Stand Juni 2011, C 1418, vermeidet diese Konsequenz, indem sie darauf abstellt, dass der Dieb das Entstehen der Steuerschuld „bewirkt". Das widerspricht aber dem Charakter des § 370 AO als Erklärungsdelikt. Nicht jedes Bewirken der Verkürzung ist Steuerhinterziehung, sondern nur dasjenige, das mittels unrichtiger oder unterlassener Angaben geschieht.
174 Wobei dies natürlich abgabenrechtlich bedeutungslos wäre, denn die Steuer entsteht schon nach Art. 134 Abs. 1 Uabs. 2 UZK.

Die Tabaksteuer als harmonisierte Verbrauchsteuer

lage des strafrechtlichen Unterlassungsdelikts nach § 370 Abs. 1 Nr. 2 AO sein, muss sie dem Nullum-crimen-Grundsatz genügen. D. h. sie muss zumindest ansatzweise aus der lex scripta folgen. Art. 158 Abs. 1 UZK gibt dafür nichts her.[175]

Auch die Gestellungspflicht ist nicht verletzt, denn im **Überwachungsverfahren** ist die Ware dem Zoll bereits bekannt, muss also nicht gestellt werden.

Fazit: zwar entsteht infolge der Entziehung eine **Zollschuld**,[176] der Zoll ist aber mangels Erklärungspflichten nicht im Sinne von § 370 AO hinterzogen. Das Gleiche gilt für die **Einfuhrumsatzsteuer**, denn für sie sind die Zollvorschriften nach § 21 Abs. 2 UStG sinngemäß heranzuziehen.

Demgegenüber verletzen Unregelmäßigkeiten bei der **Einfuhr** regelmäßig auch zollrechtliche Erklärungspflichten (wie z. B. die Gestellungspflicht) und verkürzen dadurch Zoll und Einfuhrumsatzsteuer. Dieses **Auseinanderdriften** in der Behandlung von Unregelmäßigkeiten bei Einfuhr einerseits und dem innerstaatlichen Vorgang der Entziehung aus zollamtlicher Überwachung andererseits wird auf den **unionsrechtlichen Charakter** des Zollrechts zurückgeführt. Der Mitgliedstaat kann nicht frei schalten und walten, wie er will, „und das Unionsrecht schert sich nicht um die Besonderheiten des deutschen Steuerstrafrechts."[177] Im Prinzip trifft das zu; m. E. ist allerdings der deutsche Gesetzgeber unionsrechtlich nicht gehindert – etwa im ZollVG –, Erklärungspflichten (wie z. B. für die Tabaksteuer nach § 38 TabStV) einzuführen, die mit den verbrauchsteuerrechtlichen harmonieren: Er dürfte es, hat es aber nicht getan. Die Sanktionierung durch § 372 AO, wie sie *Küchenhoff* vorschwebt,[178] ist dafür kein Ersatz, denn sie macht den Überwachungsentzug nicht zum Hinterziehungsdelikt und beseitigt die ungleiche Behandlung von Unregelmäßigkeiten bei der **Einfuhr** und dem innerstaatlichen Verhalten der **Überwachungsentziehung** nicht.

Für das **Verbrauchsteuerstrafrecht** ergibt sich dadurch keine Sanktionslücke, denn die Entziehung löst regelmäßig Erklärungspflichten aus (z. B. nach §§ 15 Abs. 2 Nr. 4, Abs. 4 Nr. 4, 17 Abs. 3 Satz 1 TabStG).[179] Das war nicht immer so: Nach der früheren Fassung des § 21 TabStG, der auch für die Entstehung der Steuer auf die **Zollvorschriften** verwies, bestand für die Tabaksteuer dieselbe

---

175 Den Ausführungen von Küchenhoff, NZWiSt 2018, 90 ff. (93) ist zuzustimmen: „Das Entziehen kann auch nicht als faktische Überführung in den zollrechtlich freien Verkehr verstanden werden, aus der sich eine Pflicht zur Zollanmeldung nach Art. 158 Abs. 1 UZK ergeben würde." Im Einzelnen ist hier Manches strittig, vgl. Möller/Retemeyer, Steuerstrafrecht, 45. Lfg., C 779 ff. (800).
176 Einzelheiten bei Küchenhoff, NZWiSt 2018, 90 ff. (91).
177 Küchenhoff, NZWiSt 2018, 90.
178 Küchenhoff, NZWiSt 2018, 90 ff. (92 f.), wertet das Entziehen von Nichtunionsware aus der zollrechtlichen Überwachung als Bannbruch nach § 372 Abs. 2 AO.(Verbotsbannbruch i. Verb. mit Art. 134 Abs. 1 Uabs. 2 UZK).
179 Küchenhoff, NZWiSt 2018, 90 f.

strafrechtliche Lücke, wie heute noch für das Zollrecht.[180] Der innerstaatliche Gesetzgeber hat inzwischen das strafrechtliche Sanktionssystem dem Tabaksteuererhebungsverfahren so angepasst, dass es im Ergebnis lückenlos ist. Die Entstehung der Tabaksteuer richtet sich nicht mehr nach dem Zollrecht, sondern ist eigenständig geregelt. So ist das Entziehen aus der zollamtlichen Überwachung im Verbrauchsteuerrecht strafrechtlich zwar nicht gesondert erfasst, also nicht mit Erklärungspflichten versehen, aber es löst Einfuhrtabaksteuer aus und damit die Erklärungspflicht nach § 38 TabStV. Dazu unter C.VI.3.

3. Einfuhrtabaksteuer

a) Entstehung und Fälligkeit

aa) Grundzüge

Nach § 21 Abs. 1 Satz 1 TabStG entsteht die Steuer zum Zeitpunkt der Überführung in den steuerrechtlich freien Verkehr durch die **Einfuhr**.[181] Im Gegensatz zum Zollrecht, das im ZK und UZK den Begriff der Einfuhr als **Realakt** voraussetzt, ist der verbrauchsteuerliche Einfuhrbegriff in der Systemrichtlinie und im TabStG definiert. Zollrechtlich ist „Einfuhr" lediglich die Bewegung von Waren in das Zollgebiet der Union.[182] „Einfuhr verbrauchsteuerpflichtiger Waren" bedeutet nach Art. 4 Nr. 8 der Systemrichtlinie (und ihr folgend § 19 Abs. 1 TabStG)

- zum einen: den **Eingang** der Ware in das Gebiet der Gemeinschaft, sofern sich die Waren beim Eingang nicht in einem zollrechtlichen Nichterhebungsverfahren befinden,[183]
- zum anderen: die **Entnahme** aus einem zollrechtlichen Nichterhebungsverfahren.

Der EuGH hat entschieden, dass

„Waren, die von den örtlichen Zoll- und Steuerbehörden bei ihrem Verbringen in das Gebiet der Gemeinschaft beschlagnahmt und gleichzeitig oder später von diesen Behörden vernichtet werden, ohne dass sie dem Besitz der Behörden entzogen gewesen sind, als nicht in die Gemeinschaft eingeführt anzusehen sind, so dass für diese Waren der Steuertatbestand nicht eintritt."[184]

---

180 Vgl. FG Hamburg v. 6.8.2012, 4 K 198/10. „Werden nicht angemeldete Zigaretten bei ihrer Einfuhr beschlagnahmt und den Vernichtung zugeführt, entsteht Tabaksteuer, wenn die Zigaretten von Nichtberechtigten, bevor sie in den Verbrennungsofen gelangen, aus dem Vernichtungsprozess entnommen werden." § 370 Abs. 1 Nr. 2 AO erfüllt die Entnahme nicht, da – anders als nach heutigem Recht – eine Erklärungspflicht zur Tatzeit nicht bestand. Näheres unter C.VI.3.a)aa).
181 Zum Folgenden BSS-Schröer-Schallenberg, F 91 ff.; Jatzke, Europäisches Verbrauchsteuerrecht, C 39 ff.; Christoph Bauer, NZWiSt 2018, 85 ff.
182 Witte, UZK, 7. Aufl., Art. 5, ABC, und Witte/Wolffgang, Zollglossar, 5.661.
183 Zum früheren Begriff der Einfuhr vgl. Fröhlich, Verbrauchsteuerrechtliche Grundsätze im Handel mit Drittländern, veröffentlicht am 17.10.2008 auf der Homepage der FHS des Bundes für öffentliche Verwaltung, 6 f.
184 EuGH v. 29.4.2010, C-230/08, ZfZ 2010, 211; ausführlich hierzu Jatzke, Europäisches Verbrauchsteuerrecht, C 45 f. Der EuGH hat noch gemäß der RL 92/12/EWG entschieden. Nach der jetzigen Systemrichtlinie ist es nicht anders.

Diese Entscheidung ist auf Vorlage eines dänischen Gerichts unter Geltung des ZK und der vormaligen Verbrauchsteuer-Richtlinie 92/12/EWG ergangen, wobei die innerstaatlichen dänischen Bestimmungen keine näheren Regelungen über die steuerliche Behandlung bei Schmuggel oder versuchtem Schmuggel von Tabakwaren oder bei Beschlagnahme, Einziehung oder Vernichtung solcher Waren enthielten. Der EuGH strebte eine „kohärente Auslegung" des Gemeinschaftsrechts über das Verbringen an und stützte sich auf Art. 233 Abs. 1 Buchst. d ZK (jetzt: Art. 124 Abs. 1 Buchst. e UZK), wonach die Zollschuld erlosch, wenn die Ware bei vorschriftswidrigem Verbringen beschlagnahmt wurde.

Nun knüpft allerdings das geltende deutsche TabStG für die Steuerentstehung nicht mehr an die Zollvorschriften an; vielmehr gelten diese nur noch für die Verpflichtung zur Anmeldung der Tabakwaren, die Fälligkeit der Steuerschuld, den Zahlungsaufschub usw. aber – im Gegensatz zum früheren Recht – nicht für die Entstehung der Steuer (§ 21 Abs. 3 Satz 1 TabStG). Dass gleichwohl der o. g., durch den EuGH entwickelte Einfuhrbegriff auch im neuen Tabaksteuerrecht weiterhin gilt,[185] ergibt sich aus folgender Überlegung: Während das Zollrecht die „Einfuhr" als schlichten Realakt voraussetzt, definiert das geltende TabStG die „Einfuhr" im Anschluss an Art. 4 Nr. 8 der Systemrichtlinie eigenständig. § 19 Abs. 1 TabStG stellt die oben erwähnten **zwei Einfuhrtatbestände** auf, u. a. in Nr. 1 den Eingang von Tabakwaren aus Drittländern oder Drittgebieten, es sei denn, die Tabakwaren befinden sich beim Eingang in einem **„zollrechtlichen Nichterhebungsverfahren"**. Letzteres definiert sich nicht zollrechtlich, sondern spezifisch verbrauchssteuerrechtlich. Denn § 19 Abs. 2 Nr. 1 TabStG zählt zu den zollrechtlichen Nichterhebungsverfahren nicht nur die in Art. 84 Abs. 1 Buchst. a ZK erwähnten Verfahren, sondern insbesondere auch die nach Titel III Kap. 1 bis 4 des ZK (Art. 36a ff.) vorgesehenen besonderen Verfahren der Zollüberwachung beim Eingang in das Zollgebiet der Gemeinschaft. Der verbrauchsteuerliche Begriff des Nichterhebungsverfahrens ist also weiter als der zollrechtliche.[186] Nach dem heute geltenden UZK ist die Rechtslage nicht anders, denn die Verweisung auf den ZK ist *statisch*, greift also nicht auf den UZK zurück.[187]

Solange sich die Waren in einem Nichterhebungsverfahren befinden, findet keine Einfuhr statt.

Beispiele:

Der Zoll beschlagnahmt in einem LKW versteckte und nicht deklarierte Zigaretten aus einem Drittland

– an der Zollstelle,
– in Deutschland außerhalb „der Zone, in der sich die Zollstelle befindet".

---

185 Jatzke, Europäisches Verbrauchsteuerrecht, 2016, C 46.
186 Middendorp, ZfZ 2011, 1 ff. und Middendorp/Schröer-Schallenberg ZfZ 2016, 86 ff.; BSS-Bongartz, Rn. E 96 ff.
187 Jatzke, Europäisches Verbrauchsteuerrecht, 2016, C 40.

Nur im zweiten Fall liegt eine Einfuhr im Sinne des Verbrauchsteuerrechts vor, im ersten Fall nicht, da die Ware über das **zollrechtliche Überwachungsverfahren** (§ 19 Abs. 2 Nr. 1a TabStG in Verb. mit Art. 36a ff. ZK) nicht hinausgekommen ist. Daher ist Tabaksteuer im ersten Fall nicht entstanden, folglich durch die unterlassene Anmeldung der versteckten Ware nicht verkürzt. Die Frage, ob Versuch § 370 Abs. 1 Nr. 2 AO vorliegt, hängt objektiv davon ab, ob der Gestellungspflichtige zur Unterlassung der Erklärung unmittelbar angesetzt hat. Abzustellen ist auf den Zeitpunkt, in dem der Pflichtige die Erklärung hätte abgeben müssen.[188] Das ist hier die Bewegung der Ware *über* die Grenze, nicht schon die bloße *Ankunft am* Grenzübergang. Es kommt folglich darauf an, ob er Anstalten macht („ansetzt" i. S. von § 22 StGB), die Ware am Zoll vorbei zu schmuggeln.[189] Abgabentaktisch greift der Zoll folglich **nicht direkt beim Grenzübertritt** zu, sondern erst, wenn die Ware dem Überwachungsverfahren entzogen, d. h. wenn sie über die Zone hinaus gelangt ist, in der sich die erste innerhalb des Zollgebietes der Gemeinschaft liegende Zollstelle befindet.[190] Erst dann liegt eine Einfuhr vor, erst ab da sind Einfuhrabgaben i. S. des Verbrauchsteuerrechts, z. B. Einfuhrtabaksteuer, entstanden, und erst von diesem Zeitpunkt an hat die Tat das Versuchsstadium überschritten.

Ein Beschäftigter der Müllverbrennungsanlage entnimmt Zigaretten, die bei dem Versuch ihrer Einfuhr beschlagnahmt wurden und infolgedessen zur Vernichtung vorgesehen waren, aus dem Müllbunker, in dem sich die Zigaretten zum Abkippen in den Verbrennungsofen befinden.[191] Die Zigaretten befanden sich in einem Verfahren der zollrechtlichen Überwachung, also in einem Nichterhebungsverfahren. Da Einfuhr nach § 19 Abs. 1 Nr. 2 TabStG die Entnahme aus einem zollrechtlichen Nichterhebungsverfahren bedeutet, ist die Entnahme aus dem Müllbunker Einfuhr, und der Beschäftigte ist Einführer. § 38 TabStV verlangt für Tabakwaren aus Drittländern, wenn die Steuer nicht durch Steuerzei-

---

188 Joecks in Joecks/Jäger/Randt, § 370, Rn. 543.
189 Vgl. BGH v. 11. 7. 2019, 1 StR 620/18, NJW 2019, 3012: Das LG hatte Einfuhr angenommen, aber – abgesehen davon, dass in Wirklichkeit innergemeinschaftliches Verbringen vorlag, so dass es für die Revisionsentscheidung auf den Einfuhrbegriff nicht ankam – nicht gesehen, dass allein die Warenbewegung über die deutsche Grenze noch keine Einfuhr darstellt, wenn die Ware direkt bei Grenzüberschreitung beschlagnahmt wird.
190 Jatzke, Europäisches Verbrauchsteuerrecht, 2016, C 46.
191 FG Hamburg v. 6. 8. 2012, 4 K 198/10, juris, Rn. 38 f. Das FG hatte die Rechtslage nach altem Recht zu beurteilen, d. h. unter Geltung des ZK und des § 21 TabStG, der zur Tatzeit auch für das Entstehen der Steuer auf die sinngemäße Anwendung der Zollvorschriften verwies. Es gelangt über die Verweisung auf die Zollvorschriften direkt zur Entstehung der Steuer infolge der Entziehung aus der zollamtlichen Überwachung. Im Übrigen hatte sich das FG nicht mit einer Hinterziehung, sondern nur mit der abgabenrechtlichen Frage zu befassen, ob die Steuer entstanden war. Hinterzogen war sie mangels Verletzung einer Erklärungspflicht nach damaligem Recht nicht.

chen entrichtet wird, eine Anmeldung.[192] Verpflichtet hierzu ist der Einführer, also der Beschäftigte. Unterlässt er diese, erfüllt er den Tatbestand des § 370 Abs. 1 Nr. 2 AO.

Die **"Beweislast"** für das Vorliegen von Einfuhr trägt das HZA. Ist offen, ob die Waren innerhalb der Union hergestellt oder von außerhalb auf Unionsgebiet eingeführt wurden, entstehen keine Einfuhrabgaben (Zoll und Einfuhrumsatzsteuer).[193] Weder abgabenrechtlich und erst nicht strafrechtlich können „alternativ" Einfuhrtabaksteuer bzw. Steuer aus innergemeinschaftlicher Verbringung festgesetzt bzw. als verkürzt angenommen werden.

bb) Durchleitung und Ausfuhr

Unter C.V.7. ist die Durchleitung von Tabakwaren durch mehrere Mitgliedstaaten im Rahmen der Verbringung erörtert: Der jeweilige Mitgliedstaat verliert sein Erhebungsrecht, sobald die Ware die Grenze zum anderen Mitgliedstaat überschritten hat. Das liegt daran, die Verbringungssteuer in der Union nur einmal und nicht mehrfach erhoben werden soll. Bei Ausfuhr kann es nicht zu einer mehrfachen Besteuerung in der Union kommen, daher verliert der Staat, aus dem ausgeführt wird, sein Erhebungsrecht nicht, wenn die Ware die Unionsgrenze überschreitet.

b) Entrichtung durch Steuerzeichen oder auf andere Weise

aa) Entrichtung durch Steuerzeichen

Auch im Fall der Einfuhr ist die Entrichtung der Steuer durch Steuerzeichen vorgesehen (§ 21 Abs. 3 Satz 1 TabStG), weshalb neben dem Hersteller auch der Einführer bezugsberechtigt ist (§ 17 Abs. 2 Satz 1 TabStG).

bb) Entrichtung auf andere Weise: durch Zahlung

Dass die Steuer auch auf andere Weise entrichtet werden kann, erwähnt das TabStG nicht ausdrücklich, folgt aber aus dem Sinnzusammenhang des § 21 Abs. 3 Satz 1 TabStG „wenn die Steuer nicht durch Verwendung von Steuerzeichen entrichtet wird." Nach § 38 TabStV ist die Steuer in diesen Fällen „anzumelden" (besser gesagt: zu erklären) und sodann festzusetzen.

---

192 Es handelt sich nicht um eine Anmeldung mit Selbstberechnung, sondern, wie aus § 38 Satz 2 TabStV ersichtlich, um eine Steuererklärung, wie sie auch sonst beim Zoll abzugeben ist. Seit Inkrafttreten des Zollkodex sind Einfuhrabgaben aufgrund Festsetzung (Art. 217 ff. ZK) und nicht mehr mit der Verwirklichung des Steuertatbestands fällig. Auf eine Zollanmeldung folgt ein Zollbescheid, im Reiseverkehr auch mündlich. Zölle und andere Einfuhrabgaben – und damit auch die Einfuhrtabaksteuer – sind zu Veranlagungssteuern geworden. Die Einfuhrtabaksteuer wird also – wie die Verbringungstabaksteuer – veranlagt.
193 FG Hamburg v. 23.6.2017, 4 K 217/16, juris. Der Zoll hatte nur Einfuhrabgaben festgesetzt und unzureichend ermittelt. So kam es zur „Beweislast"-Entscheidung. Verbringungstabaksteuer war nicht Gegenstand des Verfahrens.

Einfuhrabgaben

c) Straftatbestände

aa) § 370 Abs. 1 Nr. 3 AO

Dieser Tatbestand setzt voraus, dass die Nichtverwendung von Steuerzeichen pflichtwidrig ist. Das ist sie aber nur dann, wenn Steuerzeichen bei Einfuhr Pflicht sind. Daran fehlt es, weil das Gesetz diese Art der Entrichtung zwar vorsieht, aber sie nicht zur Pflicht macht.

bb) § 370 Abs. 1 Nr. 1, 2 AO

Die Tatbestände erfordern unrichtige Angaben bzw. die Unterlassung richtiger:

Wenn die Steuer – wie der Zoll – erst festgesetzt werden muss, ist sie nach § 220 Abs. 2 Satz 2 AO nicht vor Bekanntgabe der Festsetzung fällig. Macht der Gestellungspflichtige unrichtige Angaben oder unterlässt er richtige,[194] bewirkt er eine unzureichende (zu späte, unvollständige oder ganz unterbliebene) Festsetzung i. S. des § 370 Abs. 4 Satz 1 AO, sofern die Zollverwaltung aufgrund dieser Angaben unzureichend festsetzt. Veranlagt sie nach Überprüfung und Entdeckung der verheimlichten Ware zutreffend, geht es nur noch darum, ob etwa im Sinne von § 370 Abs. 4 Satz 1 AO „nicht rechtzeitig" festgesetzt wurde. Das ist zu verneinen, wenn die Abgaben noch am selben Tag festgesetzt werden, wenn auch z. B. erst nach einer mühevollen „Überholung"[195] z. B. des Fahrzeugs, so dass die Tat das Versuchsstadium nicht überschritten hat.[196]

Vollendung könnte indessen angenommen werden, wenn die Steuer nicht erst durch Festsetzung, sondern bereits mit der Entstehung fällig wird, wie es früher, als der Zoll noch reine Fälligkeitsteuer war, für die Zollschuld angenommen wurde. Das setzt – weil die Verkürzung hier nicht durch Angaben oder deren Unterlassung entsteht – einen Verkürzungsbegriff voraus, der sich aus § 370 Abs. 4 Satz 1 AO nicht herleiten lässt, der aber gleichwohl auch heute noch aus dem Wort „namentlich" in § 370 Abs. 4 Satz 1 AO geschlossen wird, die Zahlungsverkürzung.[197] Die Tabaksteuer wäre dadurch verkürzt, dass sie bei Ein-

---

194 Die Verpflichtung, Angaben zu machen, ergibt sich aus Art. 139 UZK (Art. 40 ZK): Die in das Zollgebiet der Union verbrachten Waren sind bei ihrer Ankunft ... zu gestellen.
195 Vgl. Witte, UZK, 7. Aufl., Art. 5, Zoll-ABC: Durch Überholung soll festgestellt werden, ob Nichtgemeinschaftsware eingeführt und ordnungsgemäß gestellt worden ist.
196 Bender. wistra 1997, 233, bei der Besprechung von BayObLG v. 5.11.1996, 4 St RR 169/96, wistra 1997, 111 ff., einer Entscheidung, die diese Zusammenhänge verkannte, insbesondere nicht sah, dass der Zoll inzwischen zur Veranlagungsteuer geworden war.
197 Bender, Steuerstrafrecht, 19. Lfg. 2008, C 1419, für den Fall der unrechtmäßigen Entfernung aus einem Steuerlager, also bezüglich der innerstaatlich entstehenden Tabaksteuer: „Der Täter bezahlt jedoch die fällige Steuer nicht und verkürzt sie damit ...". Es handelt sich hier in der Tat um Zahlungsverkürzung in der Form der Verwendungsverkürzung, weil bei Entfernung aus dem Steuerlager Steuerzeichen nicht angebracht sind. Allerdings hat der Dieb nicht die Berechtigung zum Bezug von Steuerzeichen, ist deshalb nicht handlungspflichtig, da nicht handlungsfähig, und nicht Hinterzieher (strittig).

fuhr nicht sogleich entrichtet wird, strafrechtlich ein unhaltbares Ergebnis, wenn sie, da Einfuhrabgabe, vor Festsetzung nicht entsteht.

4. Zoll nach den Vorschriften der Gemeinschaft: Der Zollkodex der Union

Bis 30. 4. 2016 galt der Zollkodex (ZK).[198] Seit dem 1. 5. 2016[199] gilt der Unionszollkodex (UZK).[200] Er stellt den neuen Basisrechtsakt dar.[201]

Der UZK regelt in Titel IV das Verbringen[202] von Waren in das Zollgebiet der Union.

a) Die summarische Eingangsmeldung, Art. 127 bis 132 UZK

Zu unterscheiden sind:

Nach dem ZK: die summarische Anmeldung nach Art. 36a ZK; sie war nach Abs. 3 **vor** dem Verbringen abzugeben, ist daher abweichend vom Wortlaut des ZK besser als „summarische Eingangsmeldung" zu bezeichnen.[203] Im Gegensatz

---

[198] Verordnung (EWG) Nr. 2913/92 des Rates zur Festlegung des Zollkodex der Gemeinschaften v. 12. 10. 1992; zur historischen Entwicklung des Zollschuldrechts vgl. Witte in Europa im Wandel, herausgegeben von Bongartz, 2000, 389 ff. (395 ff. zum Zollkodex).

[199] Aus der (früheren) Homepage des BMF: „Der Zollkodex der Europäischen Union (UZK) wurde am 9. Oktober 2013 als Verordnung (EU) Nr. 952/2013 des Europäischen Parlaments und des Rates angenommen. Mit seinem Inkrafttreten am 30. Oktober 2013 wurde die Verordnung (EG) Nr. 450/2008 (Modernisierter Zollkodex) (ABl. L 145 v. 4. 6. 2008, S. 1) aufgehoben. Die materiellrechtlichen Bestimmungen des UZK gelten erst ab dem 1. Mai 2016 (Berichtigung der Verordnung (EU) Nr. 952/2013 des Europäischen Parlaments und des Rates v. 9. Oktober 2013 zur Festlegung des Zollkodex der Union), wenn die einschlägigen Rechtsakte der Kommission (delegierte Rechtsakte und Durchführungsrechtsakte) angenommen und in Kraft getreten sind. Die EU-Kommission arbeitet zusammen mit den Mitgliedstaaten an den Durchführungsvorschriften. Aufgrund der notwendigen Anpassung aller EU Rechtsvorschriften an den Vertrag von Lissabon wird das künftige Durchführungsrecht zum UZK in zwei Rechtsakte aufgeteilt sein. So sieht Art. 290 des Vertrags über die Arbeitsweise der Europäischen Union (AEUV) vor, dass der Kommission Gesetzgebungsbefugnisse übertragen werden, um nichtwesentliche Bestandteile des Gesetzgebungsaktes ändern oder ergänzen zu können (sogenannte delegierte Rechtsakte). Zur Sicherstellung einer einheitlichen und ordnungsgemäßen Durchführung von im Basisrechtsakt befindlichen Artikeln wiederum erhält die Kommission das Recht, Durchführungsrechtsakte zu erlassen (Art. 291 AEUV). Delegierte Rechtsakte und Durchführungsrechtsakte ersetzen künftig die heute bestehende Zollkodex-Durchführungsverordnung (ZK-DVO).".

[200] Zur geschichtlichen Entwicklung der diversen Änderungen vom ZK über den MZK bis zum UZK Zeilinger, ZfZ 2013, 141 ff.: Der Unionszollkodex – des Kaisers neue Kleider?

[201] Zu den Auswirkungen des UZK auf das Verbrauchsteuerrecht Middendorp/Schröer-Schallenberg, ZfZ 2016, 86 ff.

[202] Der UZK – wie schon der ZK – verwendet den Begriff des Verbringens, den das TabStG für den Wareneingang aus anderen Mitgliedstaaten vorsieht, für die Einfuhr.

[203] Kock in Dorsch, 141. Lfg. Art. 36a ZK, Rn. 2; Möller/Retemeyer, Steuerstrafrecht, 45. Lfg., C 854.

hierzu die (frühere) summarische Anmeldung nach Art. 43 ZK, die nach Abs. 2 dieses Artikels abzugeben war, sobald die Waren gestellt worden waren. Die Regelungen der Art. 43 bis 45 ZK waren mit der Einführung des Art. 36a ZK entfallen. An deren Stelle trat die summarische Eingangsmeldung.[204]

Nach dem UZK: Dem Art. 36a ZK entspricht Art. Art. 127 UZK, das Institut wird jetzt auch im UZK zutreffend als summarische ‚Eingangs'meldung bezeichnet und ist in Art. 5 Nr. 9 UZK definiert. Der Art. 43 ZK hat im UZK keine Entsprechung, die Regelung war schon im ZK durch die summarische Eingangsmeldung ersetzt worden.

Nach Art. 127 Abs. 3 UZK ist vor dem Verbringen der Ware eine summarische Eingangsmeldung abzugeben. Fehler in dieser Anmeldung sind steuerlich irrelevant, da ohne im Zollgebiet eingegangene Ware die Zollschuld nicht entstehen kann.[205] Gleiches gilt für den Fall, dass die summarische Eingangsmeldung unterlassen wird. Es ist eben noch nichts verbracht, solange die Ware noch nicht im Zollgebiet eingegangen ist. Auch der Tatbestand des Art. 202 Abs. 1 Buchst. a ZK (Art. 78 UZK) ist nicht verwirklicht, denn durch Unterlassen der summarischen Eingangsmeldung wird das Verbringen nicht vorschriftswidrig, sondern erst durch Fehler bei der Gestellung bzw. bei der Anmeldung. Die Pflichtverletzung aus Art. 127 UZK ist folglich nicht kausal für eine Steuerverkürzung.

b) Die Gestellung, Art. 139 bis 143 UZK

Gestellung ist nach Art. 5 Nr. 33 UZK (gegenüber Art. 4 Nr. 19 ZK präzisiert) die Mitteilung an die Zollbehörden, dass sich Waren an der Zollstelle oder einem anderen Ort usw. befinden und für Zollkontrollen zur Verfügung stehen. Nach Art. 139 Abs. 1 UZK sind die in das Zollgebiet der Union verbrachten Waren unverzüglich zu gestellen. Die Pflicht zur Gestellung haben nach Art. 139 Abs. 1 Buchst. a bis c UZK nicht nur (wie schon nach Art. 40 ZK) der Verbringer und wer die Verantwortung für die Ware nach dem Verbringen übernommen hat, sondern auch der **Auftraggeber**. Die Gestellungspflicht ist also gegenüber dem ZK erweitert, womit sich das Problem der Strafbarkeitslücken bezüglich der Hintermänner, die sich zur Einfuhr eines vorsatzlosen Fahrers bedienten, erledigt:[206] Auch die Hintermänner unterlassen bei Nichtgestellung nun „pflichtwidrig" i. S. von § 370 Abs. 1 Nr. 2 AO, da sie eine eigene Gestellungspflicht haben.[207] „Gestellt" ist die Ware, wenn – auch formlos – darauf hingewiesen

---

204 Kock in Dorsch, 141 Lfg. Art. 36a ZK, Rn. 2.
205 Schulmeister in Witte, UZK, 7. Aufl. 2018, Art. 127, Rn. 37; Möller/Retemeyer, Steuerstrafrecht, 44. Lfg., C 854 (für das Recht nach dem ZK).
206 Jäger in Joecks/Jäger/Randt, § 370 Rn. 459, und schon in Franzen/Gast/Joecks, § 370, Rn. 224c, zu Art. Art. 95 Abs. 1 Buchst. b MZK.
207 Das Urteil v. 4. 3. 2004, C-238/02 und C-246/02 (Viluckas und Jonusas), wistra 2004, 376 = ZfZ 2004, 159, mit Bespr. Bender, wistra 2004, 368; 2006, 41; Fuchs, ZfZ 2004, 160; 2005, 33 und 284; Müller-Eiselt, ZfZ 2006, 218; Rüsken, BFH-PR 2004, 250; Stüwe, ZfZ 2005, 147; Jäger, FS Amelung, 2009, 451 f., bezeichnet als gestellungspflichtig nach altem Recht (Art. 38 Abs. 1, 40 ZK) nur denjenigen, der unmittelbar die Ware in das Gemeinschaftsgebiet überführt hat, also z. B. den Fahrer des LKW, nicht

wird, dass sich Ware an der Zollstelle usw. befindet und für Kontrollen zur Verfügung stehen. Nur wenn Ware „versteckt" oder durch „besonders angebrachte Vorrichtungen" verheimlicht ist, bedarf es nach § 8 Satz 2 ZollV einer ausdrücklichen Mitteilung. Versteckt ist Ware nicht schon dann, wenn sie nicht so angeordnet ist, dass sie dem Zöllner geradezu ins Auge springt, sondern nur, wenn sie durch besondere Vorrichtungen verheimlicht ist, also etwa in Kartons mit falscher Beschriftung oder in ausgehöhlten Kanthölzern lagert.[208]

c) **Die Anmeldung, Art. 158 bis 165 UZK**

Von der Gestellung ist die **Zollanmeldung** zu unterscheiden, d.h. die Bekundung der Absicht, die Ware in ein bestimmtes Zollverfahren überzuführen, Art. 5 Nr. 12 UZK (Art. 4 Nr. 17 ZK), bei der Einfuhr beispielsweise in den zollrechtlich freien Verkehr, Art. 5 Nr. 16a UZK (Art. 4 Nr. 16a ZK), wodurch die Ware nach Art. 201 Abs. 3 UZK (Art. 79 Abs. 1 ZK) den zollrechtlichen Status der Unionsware erhält, den inländischen Waren gleichsteht und damit am innergemeinschaftlichen Güterumsatz teilnehmen kann.[209] Damit entstehen nach Art. 77 Abs. 1 Buchst. a UZK (Art. 201 ZK) die Einfuhrzollschuld. Zollschuldner sind der Anmelder und bei Vertretung auch der Auftraggeber (Art. 77 Abs. 3 Satz 1 UZK). Indessen ist die Zollschuld nicht selbstveranlagend i.S. von § 168 Satz 1 AO, denn der Einfuhr- (wie der Ausfuhrabgabenbetrag) werden festgesetzt, Art. 101 Abs. 1 UZK, also amtsveranlagt.

d) **Erhöhte Anforderungen an die Gestellung?**

Das noch zu Art. 38, 40 ZK ergangene Urteil des EuGH vom 3. 3. 2005[210] verlangt bei der Gestellung nicht nur die formlose Mitteilung, dass Ware eingetroffen ist, sondern darüber hinaus alle einschlägigen Angaben, die Tarifierung und Be-

---

aber den Hintermann, der das Ganze leitet und überwacht, was Bender, wistra 2004, 368, zu der provokativen Überschrift seines Beitrags veranlasst hat: „Ist Zigarettenschmuggel seit dem 4. März 2004 straffrei?" Weiß der Fahrer nichts von versteckter Ware, liegt zwar objektiv ein Verstoß gegen die Gestellungspflicht vor und damit der objektive Tatbestand des § 370 Abs. 1 Nr. 2 AO, weil der Fahrer Angaben, die er zu machen hätte, nicht gemacht hat. Subjektiv fehlte es jedoch meist am Vorsatz, da der Fahrer ahnungslos war, ihm zumindest das Gegenteil nicht nachgewiesen werden konnte. Die Hintermänner, die die Kenntnis hatten, erfüllten schon objektiv den Unterlassungstatbestand nicht, weil ihnen die Handlungspflicht nicht oblag.

208 Bender, wistra 2006, 41 (43); es kommt darauf an, ob sich die Ware an einem „üblichen" Ort befindet; gestellt sind nur die Waren, mit deren Vorhandensein der Zöllner unter normalen Umständen rechnen kann, Kampf in Witte, ZK, 6. Aufl., Art. 40, Rn. 4.; Schulmeister in Witte, UZK, 7. Aufl. 2018, Art. 139, Rn. 5.

209 D. h. die Waren dürfen, wie Art. 201 Abs. 1 UZK formuliert, auf den Unionsmarkt gebracht und im Unionszollgebiet verbraucht werden, sie gehen also in den Wirtschaftskreislauf der Union ein (Alexander in Witte, ZK, 5. Aufl. 2009, Art. 79, Rn. 1; Schulmeister in Witte, UZK, 7. Aufl. 2018, Art. 201, Rn. 1).

210 EuGH v. 3. 3. 2005, C-195/03 (Papismedov), ZfZ 2005, 192 ff., mit Bespr. Bender, wistra 2006, 41 ff. (S. 45: nicht hinreichend durchdachtes Fehlurteil); Witte, ZK, Art. 202, Rn. 6; Witte, AW-Prax 2005, 214 ff., und AW-Prax 2009, 153 ff.; Kampf, BDZ 2005, 56 ff.; Kock, ZfZ 2005, 195 ff.; nach Wolffgang/Harden, ZfZ 2018, 1 ff. (5 f.), lässt sich die Entscheidung auf den UZK übertragen.

rechnung der Einfuhrabgaben ermöglichen, womit die Grenze zur Anmeldung vernebelt wird, denn die Detailangaben waren nach bisheriger Auffassung der Anmeldung vorbehalten.[211] Strafrechtlich sind die Auswirkungen der Entscheidung nicht so umstürzend, wie von Bender dargestellt.[212] Zu Unrecht meint er, die Strafbarkeit habe sich infolge der neuen Sicht des EuGH vom Unterlassungstatbestand des § 370 Abs. 1 Nr. 2 AO zum Begehungsdelikt des § 370 Abs. 1 Nr. 1 AO verlagert.[213] Unabhängig davon, ob schon die Gestellungs- oder erst die Anmeldepflicht verletzt ist, erfüllt die Nichtgestellung der durch die Tarnware verborgenen Ladung nicht den Begehungs-, sondern den Unterlassungstatbestand des § 370 AO, denn inkriminierend ist nicht, dass überhaupt etwas – wenn auch unvollständig – gestellt wurde, sondern dass das, was zu gestellen war, nicht gestellt wurde. Das ist freilich nicht die h. M.

Eine andere Frage ist die steuerliche Haftung. Dazu vertritt der BFH die Auffassung, dass der objektive Verstoß gegen die Gestellungspflicht bereits genügt.[214]

VII. Hinterziehung von Tabaksteuer anderer Mitgliedstaaten

1. Grundsätzliches

Grundsätzlich wird die Verkürzung ausländischer Steuer vom deutschen Strafrecht nicht erfasst,[215] die Verkürzung gewisser Steuern anderer Mitgliedstaaten der Gemeinschaft oder der EFTA dagegen wohl. Einfuhrabgaben unterliegen § 370 Abs. 6 Satz 1 AO, innerstaatlich entstehende (harmonisierte) Verbrauchsteuern § 370 Abs. 6 Satz 2 AO, wobei es auf Gegenseitigkeitsverbürgung nicht mehr ankommt.

§ 370 Abs. 6 AO läuft indessen nach der hier vertretenen Auffassung leer: Die Tatbestände des § 370 Abs. 1 AO erfordern, dass der Täter gegenüber „den Finanzbehörden oder anderen Behörden" handelt bzw. gegenüber Finanzbehörden unterlässt. § 6 Abs. 2 AO definiert aber als Finanzbehörden nur die in Nr. 1 – 8 aufgezählten. Mögen vielleicht ausländische Stellen noch „andere Behörden"

---

211 Kampf in Witte ZK, Art. 40, Rn. 2a, und Witte, ZK, Art. 202, Rn. 6; anders Möller/Retemeyer, Steuerstrafrecht, 29. Lfg., C 178, die diese Auslegung aus der durch die VO (EG) Nr. 648/2005 geänderten Formulierung des Art 40 ZK herleiten.
212 Bender, wistra 2006, 41.
213 Die Frage ist deshalb bedeutsam, weil das Unterlassungsdelikt nicht von Jedermann, sondern nur vom Handlungspflichtigen begangen werden kann.
214 BFH v. 20. 7. 2004, VII R 38/01, BFHE 207,81 (in dieser Sache, BFH/NV 2002,1191 ff., zugleich Vorabentscheidungsersuchen zur Viluckas-Entscheidung des EuGH v. 4. 3. 2004, C-238/02).
215 Joecks in Joecks/Jäger/Randt, § 369, Rn. 34. – § 7 Abs. 2 StGB ist nicht einschlägig, auch wenn ein Deutscher ausländische Steuern hinterzieht, denn § 370 AO bezieht sich, soweit nicht ausländische ausdrücklich erwähnt sind, nur auf deutsche Steuern.

i. S. des § 370 Abs. 1 Nr. 1 AO sein,[216] so scheitert jedenfalls die Erfüllung der Unterlassungsvariante (§ 370 Abs. 1 Nr. 2 AO), daran, dass dieser Tatbestand „andere Behörden" nicht erwähnt. Die h. M. sieht hierüber großzügig hinweg. Mit der Erstreckung des Steuerhinterziehungstatbestands auf ausländische Abgaben habe das Gesetz auch den Adressatenkreis der Erklärung (i. S. von § 370 Abs. 1 AO: Angaben machen bzw. unterlassen) gleichsam inzidenter erweitert.[217] Es mag ein Redaktionsversehen sein, den Begriff der Behörde nicht dem mit § 370 Abs. 6 AO verfolgten Zweck anzupassen, aber der Wille zu strafen ersetzt nicht ein den Anforderungen des Art. 103 Abs. 2 GG genügendes Gesetz, und es ist nicht Aufgabe der Strafgerichtsbarkeit, Nachlässigkeiten des Gesetzgebers in malam partem zu korrigieren. Die Fachgerichtsbarkeit scheint das Problem nicht in den Griff zu bekommen, denn sie erkennt es offenbar nicht: der BGH geht in den zitierten Entscheidungen, wie *Hellmann* bemerkt,[218] „stillschweigend" davon aus, dass Erklärungsadressat im Sinne des deutschen Steuerhinterziehungstatbestands auch eine ausländische Behörde sein kann. Es scheint, als bedürfe es der Entscheidung des BVerfG, um dem Grundsatz nullum crimen sine lege Geltung zu verschaffen. Es wäre nicht das erste Mal. So hatte z. B. die Fachgerichtsbarkeit leichtfüßig die Verurteilung wegen Auslandstaten i. S. des § 370 Abs. 6 AO gebilligt, obwohl die damalige Fassung des § 370 Abs. 7 AO die Verweisung auf Absatz 6 nicht enthielt. Erst eine erfolgreiche Verfassungsbeschwerde führte auf den Pfad des Grundgesetzes zurück.[219]

Unabhängig davon stellt § 370 Abs. 6 AO die Gerichte vor nicht unerhebliche Schwierigkeiten, wenn sie solche Steuern nicht nur berechnen, sondern die Hinterziehung unter den deutschen Steuerhinterziehungstatbestand des § 370 AO subsumieren müssen.[220] Für innerstaatlich entstehende fremde Verbrauchsteuern mussten sie dies bisher nicht, weil deren Hinterziehung nach § 370 Abs. 6 Satz 3 AO a. F. nur bei durch Rechtsverordnung festgestellter Gegenseitigkeitsverbürgung verfolgt wurde und eine solche Verordnung nicht erlassen war. Nach Aufhebung der Sätze 3 und 4 des § 370 Abs. 6 AO[221] werden sich deutsche

---

216 MK-Schmitz/Wulf Nebenstrafrecht II, 3. Aufl. 2019, § 370 AO, Rn. 386; Schmitz/Wulf, wistra 2001, 361 (366), mit Besprechung von BGH v. 24. 4. 1963, 2 StR 81/63, BGHSt 18, 333, wonach auch ausländische Konsulate Behörden i. S. des § 279 StGB sind: Diese Rechtsprechung ist auf § 370 AO nicht übertragbar.
217 HHS-Hellmann, Lfg. Nov. 2001, § 370, Rn. 89; Kohlmann-Ransiek, 63. Lfg., § 370, Rn. 254: Die Beschränkung auf deutsche Behörden widerspricht dem Prinzip der stellvertretenden Strafrechtspflege; Joecks in Joecks/Jäger/Randt, § 370, Rn. 45.
218 HHS-Hellmann, Lfg, Nov. 2001, § 370, Rn. 89, dort zu Fn. 39.
219 BVerfG v. 19. 12. 2002, 2 BvR 666/02, wistra 2003, 255: der Gesetzgeber müsse „sich beim Wort nehmen lassen" (Rn. 36).
220 Die Probleme erörtern bereits Jäger, NStZ 2008, 21 (24), und Ebner, Verfolgungsverjährung, 61 ff.
221 Wegner, PStR 2010, 107, weist bereits auf die geplante Gesetzesänderung hin; im einzelnen hierzu Tully/Merz, wistra 2011, 121 ff., insbesondere zur Geltung der Gesetzesänderung für Altfälle. Aufgehoben wurden die Sätze 3 und 4 des § 370 Abs. 6 AO durch Art. 9 Nr. 11 des Jahressteuergesetzes, BGBl. I 2010, 1768; die Begründung findet sich in BT-Drucks. 17/2249, 88, zu Art. 9 Nr. 10. Dass sich der deutsche Gesetzgeber durch die Aufhebung der in § 370 Abs. 6 Satz 2 AO erwähnten Richtlinie 92/12

Gerichte etwa mit den Feinheiten spanischer innerstaatlich entstehender Tabaksteuer befassen müssen: ein nicht ganz einfaches Unterfangen, wo doch schon die Berechnung der bei Einfuhr in das Gebiet der EU entstehenden Steuer Probleme bereitet.[222]

2. Beispiel: österreichische Tabaksteuer

Zur Strafbarkeit von in Österreich hinterzogener österreichischer Tabaksteuer: Die Anwendung des deutschen Steuerhinterziehungstatbestands unabhängig vom Recht des Tatorts folgt aus § 370 Abs. 7 AO. Der Straftatbestand ergibt sich aus § 370 Abs. 1 AO, allerdings ist ausfüllendes Recht nicht das deutsche, sondern das ausländische, was bedeutet: Der deutsche Rechtsanwender muss ermitteln, ob etwa der Hersteller gegen ausländische – hier österreichische – Erklärungspflichten verstoßen und dadurch Steuern verkürzt hat. Das ist im Fall von Österreich verhältnismäßig einfach, da dessen Tabaksteuerrecht etwa dem deutschen gleicht. Die Steuerschuld entsteht nach § 9 Nr. 1-3 ÖTabStG mit der Überführung in den freien Verkehr, wozu die „Wegbringung" aus einem Steuerlager, die gewerbliche Herstellung ohne Bewilligung und Unregelmäßigkeiten bei der Beförderung unter Steueraussetzung gehören. Steuerschuldner sind nach § 10 ÖTabStG u.a. der Inhaber des Steuerlagers, der „Wegbringer", und jeder an der Herstellung Beteiligte. Die Steuer ist nach § 12 ÖTabStG Anmelde- und Selbstberechungssteuer, so dass sich hieraus eine Verpflichtung im Sinne von § 370 Abs. 1 Nr. 2 AO ergibt. Unterbleibt die Anmeldung, ist (der h. M. folgend) gegen die Erklärungspflicht verstoßen.[223] Hinzutreten muss allerdings bei der Steuerhinterziehung nach § 370 Abs. 1 AO der Taterfolg in Gestalt der Verkürzung. Bei der weiteren Prüfung wäre es nun falsch, auf das österreichische

---

EWG und deren Ersetzung durch die Richtlinie 2008/118 EG nicht zu einer entsprechenden Änderung des § 370 Abs. 6 Satz 2 AO veranlasst sah, führt wie Tully/Merz zu Recht erwähnen, nicht zur Straflosigkeit der Hinterziehung ausländischer Verbrauchsteuern: Der Hinweis auf die VO ist nur eine „Begriffsverweisung", kein Ausfüllungsmerkmal des § 370 AO.

222 Jäger, NStZ 2008, 21 (24), unter Hinweis auf BGH v. 19.4.2007, 5 StR 549/06, NStZ 2007, 595. Es ging um spanische Tabaksteuer als Einfuhrabgabe. Allerdings darf das deutsche Gericht über das ausländische Steuerrecht Beweis erheben, z.B. durch Einholung eines Gutachtens. Im Fall BGH v. 20.1.2016, 1 StR 530/15, wistra 2016, 194 f., ging es um die Berechnung (u.a.) der durch Einfuhr in die Niederlande entstandenen Einfuhrtabaksteuer, die das Tatgericht fälschlich aufgrund des deutschen TabStG ermittelt hatte. Jüngstes Beispiel: BGH v. 19.12.2017, 1 StR 56/17, juris, mit Bespr. Roth, PStR 2018, 107 ff.: Beihilfe zur Hinterziehung polnischer Umsatz- und Verbrauchsteuer durch Verkauf von Maschinen zur Zigarettenherstellung in Polen. Der BGH beanstandet, dass die Berechnungsgrundlagen, insbesondere der polnische Kleinverkaufspreis der Zigaretten, nicht mitgeteilt sind; für die Berechnung ausländischer Steuern gelten nach dieser Entscheidung keine geringeren Anforderungen als für die Berechnung deutscher; auch wenn ein Gutachten eingeholt wird, muss sich das Gericht eigenständig von der Richtigkeit der Berechnung überzeugen. – Zur Beihilfe finden sich Ausführungen zur Frage, inwiefern berufstypische, an sich neutrale Handlungen die Haupttat strafbar fördern.

223 Nach hier vertretener Auffassung freilich nicht, da die Erklärung nicht vor deutschen FinB abzugeben war.

Finanzstrafgesetz (ÖFinStrG) zurückzugreifen, das in seinem § 33 Abs. 3 die Abgabenverkürzung regelt. Die österreichische Verkürzungsdefinition weicht von der deutschen des § 370 Abs. 4 AO (Festsetzungsverkürzung) insofern ab, als sie auch die Zahlungsverkürzung nennt: Bei Anmeldesteuern liegt sie nach § 33 Abs. 3 Buchst. b ÖFinStG in der Nichtentrichtung. Nach deutschem Recht gilt dagegen für Anmeldesteuern dieselbe Verkürzungsdefinition wie für amtsveranlagte Steuern, nämlich die in § 370 Abs. 4 AO definierte Festsetzungsverkürzung, denn die Steueranmeldung steht einem Steuerbescheid, wenn auch unter dem Vorbehalt der Nachprüfung, gleich (§ 168 Satz 1 AO). Einer derartigen Bestimmung bedarf die österreichische Bundesabgabenordung (ÖBAO) nicht, weil § 33 Abs. 3 Buchst. b ÖFinStrG die Nichtentrichtung der Anmeldesteuern als Verkürzung definiert, also unterschiedliche Verkürzungserfolge kennt. Daraus resultiert das Problem: nach österreichischem Finanzstrafrecht ist die nicht rechtzeitige Entrichtung der Anmeldesteuern qua Gesetzesdefinition Verkürzung, nach deutschem Recht nicht, vielmehr ist nach § 370 AO die Nichtzahlung der Steuer für die Verkürzung unerheblich, sondern die Hinterziehung von Anmeldesteuern läuft wie die von Veranlagungssteuern unter der Flagge der **Festsetzungsverkürzung**. Die Frage ist nun, ob die zu niedrige Anmeldung der österreichischen Tabaksteuer, die nach der ausdrücklichen Definition in § 33 Abs. 3 Buchst. b ÖFinStrG als Verkürzungserfolg genügt, diesen auch nach deutschem Recht erfüllt,[224] obwohl § 370 Abs. 4 AO den Erfolg der Steuerhinterziehung als Festsetzungsverkürzung definiert. Nach meiner Ansicht ist dies nicht der Fall, weil das deutsche Recht trotz des Wörtchens „namentlich" in § 370 Abs. 4 AO die Zahlungsverkürzung nicht kennt. Ob die Unterlassung der Steueranmeldung, wie sie dem Steuerschuldner nach § 12 ÖTabStG obliegt, den § 370 Abs. 1 Nr. 2 AO erfüllt, ist also durchaus zweifelhaft. Im Fall Österreich wäre wohl zu prüfen, ob die nicht rechtzeitige Entrichtung – die nach österreichischem Recht zur Verkürzung genügt – zugleich eine nicht rechtzeitige Anmeldung i. S. des deutschen § 370 AO darstellt und ob bei rechtzeitiger Anmeldung zutreffend festgesetzt worden wäre; die Tathandlung/Unterlassung muss also zum deutschen Verkürzungserfolg führen. Derartige Erwägungen muss das deutsche Tatgericht anstellen, wenn es um die Hinterziehung ausländischer innerstaatlicher Verbrauchsteuern geht. Zur Verfolgung solcher Delikte ist die StA – nach Aufhebung der Sätze 3 und 4 des § 370 Abs. 6 AO – qua Legalitätsprinzip verpflichtet. Die hieraus resultierenden Probleme stellen sich am Beispiel Österreich noch verhältnismäßig überschaubar dar. Bei der Hinterziehung

---

224 Jäger, NStZ 2008, 21 (24), weist darauf hin, dass die Steuertatbestände der anderen Mitgliedstaaten hinreichend bestimmt sein müssen, wenn sie als Ausfüllungsnormen des § 370 AO herangezogen werden sollen; Bestimmtheit ist sicherlich die Mindestvoraussetzung, aber sie allein genügt nicht. Der Verkürzungserfolg im Sinne des § 370 Abs. 4 AO muss sich aus dem ausländischen Recht ergeben, d. h. er muss dem deutschen entsprechen. Das ist z. B. bei der österreichischen Zahlungsverkürzung nicht der Fall. § 33 Abs. 2 Buchst. a ÖFinStrG enthält auch den Tatbestand der Festsetzungsverkürzung, der indessen vom deutschen § 370 AO abweicht.

innerstaatlicher Tabaksteuer anderer Mitgliedstaaten, oder von EFTA-Staaten, wird es zumindest nicht einfacher.

Der BGH befasst sich mit der Beihilfe zur **Hinterziehung französischer Biersteuer durch Unterlassung.**[225] Abgesehen davon, dass diese Entscheidung unter Aufgabe der früheren Rechtsprechung zu Recht die Pflichtwidrigkeit als besonderes persönliches Merkmal i. S. von § 28 Abs. 1 StGB ansieht, weist sie das Tatgericht an, „das französische Recht in den Blick zu nehmen," was bedeutet, dass das deutsche Gericht das französische Recht nach Erklärungspflichten zu durchforsten hat. Das ist richtig, denn Erklärungspflichten können sich nicht aus Richtlinien oder gar aus dem deutschen BierStG, sondern nur aus innerstaatlichem französischem Recht ergeben. Vorab allerdings die Frage: ist Beihilfe zur Unterlassung möglich? Nach *Armin Kaufmann*, Die Dogmatik der Unterlassungsdelikte, 1959, 190) nicht, weil es keine Tathandlung gibt, die faktisch zu unterstützen wäre. Anders, wenn auf die „psychische Beihilfe" abgestellt wird, dann kann Beihilfe in der Förderung des „Unterlassungsvorsatzes" – den es nach *Armin Kaufmann* gar nicht gibt – gesehen werden. Zweite Frage: kann die französische Steuerbehörde eine **Finanzbehörde i. S. von § 370 Abs. 1 Nr. 2 AO** sein, wo doch in dieser Bestimmung der Zusatz „oder andere Behörden" fehlt? Hält man Beihilfe zur Unterlassung grundsätzlich für möglich, kommt es auf Zweierlei an, erstens die Unterlassungspflicht des Haupttäters, zweitens deren **Fehlen beim Gehilfen**, andernfalls ist er selbst Unterlassungstäter und nicht bloß Gehilfe. Der BGH verwies im Strafausspruch zurück. Die neue Kammer schloss das Verfahren mit einem Urteil auf Grund einer Absprache rechtskräftig ab, so dass niemand weiß, wie die Vorgaben des BGH abgearbeitet wurden – wahrscheinlich ein Akt der Notwehr des erkennenden Gerichts gegen die ihm durch den BGH angesonnene Expedition in das französische Recht.

Dass der Gesetzgeber bei Erlass des Art. 9 Nr. 11 des Jahressteuergesetzes 2010 der Justiz derartige Forschungstätigkeit bescheren wollte, darf bezweifelt werden, denn nach der amtlichen Begründung diente die Aufhebung der Sätze 3 und 4 des § 370 Abs. 6 AO der Bekämpfung des „Umsatzsteuerbetrugs", wie auf S. 88 der Begründung zu lesen ist, so dass die Verfolgung der Verkürzung harmonisierter Verbrauchsteuern mehr „Beifang", als erklärtes Ziel der Gesetzesänderung sein dürfte und vor allem derartige Folgen wohl nicht bedacht sind. Wenn noch nicht einmal gesehen wurde, dass die in Bezug genommene Richtlinie außer Kraft gesetzt und durch eine andere ersetzt worden ist,[226] spricht dies nicht unbedingt für eine Glanzleistung gesetzgeberischer Schöpfung.

3. Tabaksteuer anderer Mitgliedstaaten als Einfuhrabgabe

§ 370 Abs. 6 Satz 1 AO bezieht die von anderen Mitgliedstaaten verwalteten Ein- und Ausfuhrabgaben in den Schutz des Steuerhinterziehungstatbestands ein.

---

225 BGH v. 23.10.2018, 1 StR 454/17, mit Anm. Ibold, HRRS 2019, 206 ff.; Wimmer, PStR 2019, 149 ff.; Feindt/Rettke, wistra 2019, 332 f.
226 Vgl. Tully/Merz, wistra 2011, 121 ff.

Strittig ist, ob die nationalen Einfuhrabgaben (Einfuhrumsatzsteuer und harmonisierte Verbrauchsteuern) von Satz 1[227] oder Satz 2 des § 370 Abs. 6 AO erfasst werden. Im letzteren Fall wäre – vor Aufhebung der Sätze 3 und 4 des § 370 Abs. 6 AO – die Hinterziehung ausländischer Einfuhrtabaksteuer – ebenso wie die der ausländischen Binnentabaksteuer – mangels Gegenseitigkeitsverbürgung nicht verfolgbar gewesen. Nach meiner Ansicht meint § 370 Abs. 6 Satz 1 AO nur den gemeinschaftsrechtlichen Begriff der Einfuhrabgaben, also i. S. des Art. 4 Nr. 10 ZK Zölle und Abgaben gleicher Wirkung, nicht dagegen die nationalen Verbrauchsteuern, auch wenn sie als Einfuhrabgaben entstehen.[228]

VIII. Auslandstaaten

Die in § 370 Abs. 7 AO angeordnete Geltung des Weltrechtsprinzips läuft leer, soweit deutsche Steuern hinterzogen werden, denn die Geltung deutschen Strafrechts ergibt sich insoweit aus § 9 Abs. 1 StGB, da der Erfolg in Gestalt der Steuerverkürzung stets im Inland eintritt.[229] Wenn also deutsche (Einfuhr- oder Binnen-)Tabaksteuer vom Ausland – z. B. von einem deutschen Schiff aus (§ 4 StGB) – hinterzogen wird, gilt deutsches Strafrecht. Wenn Adressat der Erklärung die deutsche Finanzbehörde ist, sind die Angaben gegenüber einer Behörde i. S. des § 370 Abs. 1 AO gemacht bzw. unterlassen.

Sind die Angaben nicht vor deutschen Finanz- oder anderen Behörden gemacht/unterlassen worden, ist dies keine Tathandlung i. S. des § 370 AO.

Beihilfe ist nach § 9 Abs. 1 Satz 1 StGB auch am Ort der Beihilfehandlung begangen. Infolge der in § 9 Abs. 2 Satz 2 StGB für die Beihilfe angeordneten Limitierung der Akzessorietät gilt für die Teilnahme deutsches Strafrecht – auch wenn die Tat am Tatort nicht strafbedroht ist. Für den Gehilfen des Chilenen, der von einem deutschen Schiff aus Beihilfe zur Hinterziehung spanischer Einfuhrtabaksteuer leistet, gilt also deutsches Recht, nur folgt aus der Limitierung der Akzessorietät nicht, dass unrichtige Angaben vor ausländischen Stellen eine geeignete Haupttat darstellten,[230] denn nach § 9 Abs. 2 Satz 2 StGB beurteilt sich die Strafbarkeit der Haupttat nach deutschem Recht. Die durch das EG-Finanzschutzgesetz vom 10. 9. 1998[231] geänderte Fassung des § 370 Abs. 7 AO, der nun-

---

227 So die h. M., vgl. Jäger in Klein, AO, 12. Aufl. 2014, § 370, Rn. 151, und in Franzen/Gast/Joecks § 370, Rn. 220b; BGH v. 8. 11. 2000, 5 StR 440/00, wistra 2001, 62 (italienische Einfuhrumsatzsteuer), und v. 25. 9. 1990, 3 StR 8/90, wistra 1991, 29 (wie die zuvor genannte Entscheidung zur früheren Fassung des § 370 Abs. 6 AO, der noch den Begriff „Eingangsabgaben" verwandte: § 370 Abs. 6 AO bezieht sich auch auf Einfuhrabgaben von Mitgliedstaaten der EFTA, im konkreten Fall Schweden; allerdings ist die schwedische Getränkesteuer keine Einfuhrabgabe), und v. 19. 4. 2007, 5 StR 549/06, NStZ 2007, 595 (spanische Tabaksteuer).
228 Zu diesem – infolge der Aufhebung der Sätze 3 und 4 des § 370 Abs. 6 AO erledigten – Problem vgl. Bender, wistra 2001, 161 (164); Hellmann, wistra 2005, 161 (162 f.).
229 Joecks in Joecks/Jäger/Randt, § 369, Rn. 35.
230 So aber OLG Schleswig v. 17. 9. 1997, 3 Ws 284/97, wistra 1998, 30, mit zust. Anm. Döllel, wistra 1998, 70.
231 BGBl. II 1998, 2322, in Kraft seit 22. 9. 1998.

mehr auch auf § 370 Abs. 6 AO verweist, hat daher – folgt man der hier vertretenen Ansicht, wonach ausländische Behörden keine solchen im Sinne des § 370 AO sind – auch zur Strafbarkeit der Beihilfe in der Sache nichts bewirkt.

IX. Berechnung der verkürzten Steuer

1. Berechnung durch das Gericht

Die Höhe der Verkürzung muss im Urteil festgestellt werden: Judici calculandum est. Die Berechnung der Steuer ist Rechtsanwendung. Dies eröffnet ein weites Feld für die Revisionsgerichte. Tatgerichte verkennen, dass die Höhe der Steuerverkürzung aufgrund eigener Rechtskenntnis des Gerichts zu ermitteln ist und nicht mit Hilfe eines Sachverständigen (das wäre unrichtige Sachbehandlung, die Kostenfolgen nach § 21 GKG auslöste!) oder durch die Übernahme der Angaben des als Zeugen vernommenen Zollbeamten.[232] Allerdings wird die ermittelnde Zollverwaltung, die mangelhafte Vertrautheit mit dem Steuerrecht von StA und Gericht in der Regel einkalkulierend, dem Abschlussbericht eine auch für Gericht, StA und Verteidiger nachvollziehbare Berechnung beifügen, von deren Richtigkeit sich das Gericht indessen selbst ein Bild machen muss. In den Zeiten, in denen die Finanzbehörde im Steuerstrafverfahren als Nebenklägerin auftreten durfte, konnte das Rechtsgespräch mit dem Gericht eine zutreffende Steuerberechnung sicherstellen. Nach heutigem § 403 AO hat die Finanzbehörde (wozu die Fahndung nicht gehört) immerhin ein Teilnahme- und Fragerecht, weshalb sie auch zu der Rechtsfrage der Steuerberechnung gegenüber dem Gericht Stellung nehmen und von diesem befragt werden darf, so dass bei umsichtiger Verhandlungsführung auch einem in Steuer- und Zollfragen unerfahrenen Gericht Fehler in der Steuerberechnung nicht unterlaufen dürften: sofern es nicht den befragten Zoll/Steuerbeamten als „Sachverständigen" behandelt und sich in der Urteilsbegründung auf dessen „Gutachten" bezieht.

Lediglich die Darstellung der Berechnung hinterzogener Steuern darf „verkürzt und ergebnisbezogen" wiedergegeben werden, wenn der Angeklagte geständig und „sachkundig genug ist, um die steuerlichen Auswirkungen seines Verhaltens zu erkennen".[233]

---

232 BGH v. 27.11.2002, 5 StR 127/02, NJW 2003, 907= NStZ 2003, 550= wistra 2003, 266; BGH v. 19.8.2009, 1 StR 314/09, wistra 2010, 30 = NStZ 2010, 338 (in Rn. 7 insbesondere die durch den BGH wiedergegebenen Ausführungen des LG Essen als Vorinstanz, die allen Ernstes den Zollwert aus der Bekundung eines Zollbeamten und einer Dienstvorschrift des BMF herleitet), und v. 25.3.2010, 1 StR 52/10, wistra 2010, 228 = NStZ-RR 2010, 207; Brandenburgisches OLG v. 24.2.2010, (1) 53 Ss 9/10 (6/10), NStZ-RR 2010, 312 (dort nur Leitsatz), Rn. 10 (bei juris); BGH v. 2.3.2016, 1 StR 619/15, wistra 2016, 268 Rn. 5 f.).

233 Das gilt nicht für die Ermittlung des steuerlichen Sachverhalts und dessen steuerliche Beurteilung, BGH v. 9.6.2004, 5 StR 579/03, wistra 2004, 424, mit Anm. Bieneck, S. 470 (zu den Voraussetzungen der Verständigung) = NStZ 2004, 577, mit Anm. Gotzens/Walischewski, NStZ 2005, 521; BGH v. 14.12.2010, 1 StR 421/10, wistra 2011, 185=NStZ 2011, 284.

Außenprüfungs- und Fahndungsberichte dürfen auch bei geständigen Angeklagten nicht unbesehen durch den Strafrichter übernommen werden.[234]

2. Hinterzogene Steuern

Werden Zigaretten „geschmuggelt"[235], sind Zoll, Einfuhrumsatzsteuer und Tabaksteuer hinterzogen.[236]

a) Zoll

Berechnungsgrundlage für den **Zollbetrag** sind der **Zollwert** und der **Zollsatz**.[237] Letzterer ergibt sich aus dem Zolltarif.[238] Dessen rechtliche Grundlage ist die VO (EWG) Nr. 2658/87, die im Anhang I das Zolltarifschema, in Gestalt der **kombinierten Nomenklatur** (KN)[239] enthält, wonach jede Ware eine Codenummer (KN-Nummer) enthält. Nach Artikel 12 der Verordnung veröffentlicht die Europäische Kommission jährlich die vollständige Fassung der KN zusammen mit den Zollsätzen. Diese Veröffentlichung erfolgt in Form einer Verordnung bis spätestens zum 31. Oktober eines jeden Jahres im Amtsblatt der Europäischen Gemeinschaft und tritt jeweils ab 1. Januar des darauffolgenden Jahres in Kraft. Nach Kapitel 24 der KN vom 6.10.2016 (Tabak und verarbeitete Tabakersatzstoffe) beträgt der Zollsatz für Zigaretten (KN-Code 2402 20 90) 57,6 % des Zollwertes, für Zigarren (KN-Code 2402 10 00) 26 %; für Tabak ergeben sich unterschiedliche Prozentsätze je nach Eigenschaften. Der **Zollwert** ermittelt sich nach den Art. 28 ff. ZK, Art. 69 ff. UZK. Art. 70 Abs. 1 UZK (Art. 29 Abs. 1 ZK), der den Normalfall der Zollwertbemessung behandelt,[240] definiert den Zollwert als den Transaktionswert, d. h. den für die Waren bei einem Verkauf zur Ausfuhr in das Zollgebiet der Union gezahlten oder zu zahlenden Preis.[241] Kann er nicht im Sinne des Art. 70 UZK ermittelt werden, was beim „Schwarzmarktimportpreis" die Regel sein wird, ist er nach einem aufwendigen System[242] gemäß Art. 74 UZK zu bestimmen.[243]

---

234 BGH v. 5.2.2004, 5 StR 580/03, wistra 2004, 185 (mit Nachweis der früheren Rspr.).
235 Es gibt keinen Straftatbestand des „einfachen Schmuggels". Dieser ist vielmehr Steuerhinterziehung und fällt unter § 370 AO, Leplow, PStR 2008, 63 (64). § 373 AO erfasst nur den qualifizierten Schmuggel; anders das österreichische Finanzstrafgesetz, das in § 35 die Hinterziehung von Eingangs- und Ausgangsabgaben behandelt.
236 Bender, wistra 2001, 161 (163); Jäger, FS Amelung 2009, 452.
237 Zur Berechnung von Zoll und Tabaksteuer vgl. Christoph Bauer, NZWiSt 2018. 85 ff. (87 ff.).
238 Zum Zolltarif vgl. Witte/Wolffgang, E. 2000 ff.
239 Dazu Witte/Wolffgang, E 2013 ff.
240 Rinnert in Witte, ZK, 6. Aufl., Art 29, Rn. 1.
241 Im einzelnen vgl. Rinnert in Witte, ZK, 6. Aufl., Art. 29, Rn. 5 ff., und in Witte, UZK, 7. Aufl. Art. 70, Rn. 1 ff.
242 Witte/Wolffgang, H, Zollglossar.
243 Zu Art. 30 ZK: ggf. an Hand des üblichen Importpreises oder auch der vom BMF herausgegebenen „Anhaltswerte" zu schätzen, BGH v. 19.8.2009, 1 StR 314/09, wistra 2010, 30 (Rn. 8), und v. 7.6.2004, 5 StR 554/03, wistra 2004, 348; Jäger, FS Amelung, 2009, 453 f. (insbes. dort zu Fn. 20).

Beispiel: wird der Zollwert mit 3,4 Cent pro Zigarette ermittelt, beträgt der Zoll 57,6 % hiervon, mithin 1,958 Cent pro Stück.

Die ab **2018 geltende KN** vom 6.10.2017 ist im Amtsblatt der EU vom 28.10.2017 veröffentlicht. Tabak und verarbeitete Tabakersatzstoffe sind wie bisher im Kapitel 24 geregelt. Die KN-Nummern haben sich nicht verändert.

Aus dem Gesagten wird deutlich, dass die Feststellung der **Steuerbarkeit nach dem TabStG** mit der **zollrechtlichen** Einordnung der Ware keinesfalls synchron laufen muss. Ein Beispiel bietet eine Entscheidung des FG Hamburg.[244] Es ging um Tabaksteuer und Zoll für eine in ein Glasröhrchen eingeschlossene Zigarette, sog. „Notfallzigarette". Diese löste wegen ihrer Rauchbarkeit Tabaksteuer, aber nicht Zoll aus, da sie nicht als Zigarette, sondern als „andere Glasware" in die KN einzuordnen war. Man kann dem Strafrichter nur gratulieren, wenn er einen solchen Fall zu entscheiden hat. Bis jetzt war nur ein FG mit dem Problem befasst. Der Vertreter der Finanzbehörde wird dem erkennenden Gericht in der Hauptverhandlung notfalls Hilfestellung geben: Der Strafrichter darf nur nicht seinem Impetus folgen und das Urteil auf den „als Zeugen vernommenen Zollbeamten" stützen. Dazu ist im Kapitel **A.III.** das Nötige gesagt.

b) Tabaksteuer

Die Steuer betrug bis zur Änderung durch das 5.VerbrStÄndG für Zigaretten 8,27 Cent je Stück und 24,66 % des Kleinverkaufspreises (§ 2 Abs 1 Nr. 1 TabStG a. F.); zur Zeit beträgt sie 9,82 Cent je Stück und 21,69 % des Kleinverkaufspreises, mindestens aber den Betrag, der sich aus § 2 Abs. 2 TabStG ergibt. Das bedeutet, es sind **zwei Mindeststeuersätze** zu beachten, zum einen der nach § 2 Abs. 2 Satz 1, 1. Halbsatz TabStG und zum anderen der nach § 2 Abs. 2 Satz 1, 2. Halbsatz TabStG, der auf § 2 Nr. 1g TabStG verweist.[245] Diese Mindeststeuersätze sollen dem Steuerausfallrisiko vorbeugen, das entstehen könnte, wenn die Steuer nur an den *konkreten* Kleinverkaufspreis gekoppelt wäre.[246]

Kleinverkaufspreis ist der Preis, den der Hersteller oder Einführer bestimmt (§ 3 Abs. 1 TabStG).[247] Kann ein Kleinverkaufspreis nicht festgestellt werden, was insbesondere der Fall ist, wenn die Zigaretten – wie z.B. solche der Marke „Jin Ling" – nach Deutschland nicht eingeführt werden dürfen, ist er durch Schätzung zu ermitteln, wobei nicht auf den Schwarzmarktpreis, sondern auf den durchschnittlichen Kleinverkaufspreis legal in Deutschland gehandelter Markenzigaretten des untersten Preissegments abzustellen ist.[248] „Schätzung" heißt jedoch nicht, dass das Strafgericht die Dienstvorschrift des Zolls (E-VSF V 1207) unbesehen übernehmen darf, sondern nur dann, „wenn es die dortigen Angaben eigenverantwortlich nachgeprüft hat und von ihrer Richtigkeit auch

---

244 FG Hamburg v. 17.8.2018, 4 K 162/16, juris. Die Entscheidung ist bereits unter C.III. bei der Erörterung des Steuergegenstands erwähnt.
245 Zum Folgenden vgl. Jatzke, Europäisches Verbrauchsteuerrecht, E 33 ff.
246 BSS-Bongartz, K 36.
247 Jatzke, Europäisches Verbrauchsteuerrecht, E 23 ff.
248 BGH v. 20.11.2008, 1 StR 546/08, NStZ-RR 2009, 343 (344).

Die Tabaksteuer als harmonisierte Verbrauchsteuer

unter Zugrundelegung strafrechtlicher Verfahrensgrundsätze überzeugt ist."[249] Die Frage ist, wie das Strafgericht dies anstellen soll. Stehen ihm bessere Mittel als der Finanzverwaltung zur Verfügung? Es wird wohl eher auf den Einbau von Revisionstextbausteinen hinauslaufen, die suggerieren, dass sich das Tatgericht eigene Gedanken gemacht habe.

Beträgt der Kleinverkaufspreis 30 Cent je Zigarette, ergibt sich folgende Berechnung: 21,69 % hiervon sind 6,507, dazu die 9,82 ergibt 16,327.

Die nach § 2 Abs. 2 Satz 1, 1. Halbsatz TabStG zu berechnende **Mindeststeuer** beträgt zur Zeit 100 % der Tabaksteuer plus 19 % (USt) auf den durchschnittlichen Kleinverkaufspreis abzüglich der USt auf den (konkreten) Kleinverkaufspreis. Den in § 2 Abs. 2 und Abs. 3 TabStG erwähnten „durchschnittlichen Kleinverkaufspreis" für Zigaretten bzw. Feinschnitt gibt das BMF jährlich im Januar mit Wirkung ab 15. Februar des Jahres im Bundesanzeiger bekannt. Er beträgt von 15. Februar 2018 bis 14. Februar 2019 **je Zigarette 28,1884 Cent**, für Feinschnitt 144,9096 Euro pro Kilogramm.[250] Daraus ist ersichtlich, dass der Mindeststeuersatz immer dann niedriger als die nach § 2 Abs. 1 Nr. 1 TabStG konkret errechnete Tabaksteuer ist, wenn der durchschnittliche Kleinverkaufspreis niedriger als der konkrete sein sollte, so dass in diesen Fällen die nach § 2 Abs. 2 Satz 1 TabStG zu berechnende Mindeststeuer nicht unterschritten ist, denn hinzugerechnet wird die USt aus dem durchschnittlichen, abgezogen dagegen die USt aus dem konkreten Kleinverkaufspreis. Im Beispielsfall ergibt dies 16,327 (Gesamtsteuer) plus 19 % von 28,1884, also 5,3558, was ergibt 21,6828, abzüglich 19 % von 30, also minus 5,7 ergibt 15,9828, also weniger als die oben errechneten 16,327.

Zu berechnen ist ferner die **Mindeststeuer nach § 1 Nr. 1g TabStG** (auf den § 2 Abs. 2 1 TabStG verweist), folglich 19,636 minus USt auf den durchschnittlichen Kleinverkaufspreis, also minus 5,3557, ergibt 14,2880, so dass auch dieser Mindeststeuersatz nicht unterschritten wird. Es bleibt also im konkreten Beispiel bei der Steuer von 16,327 Cent je Zigarette.

Berechnungsbeispiel für die Zeit vor der Änderung durch das 5. VerbrStÄndG: Beträgt der Kleinverkaufspreis pro Zigarette 22 Cent, waren zu erheben: pro Zigarette 8,27 Cent zuzüglich 24,66 % von 22, also 5,425 Cent, insgesamt 13,695 Cent pro Zigarette.

Wie das Gericht etwa bei Berechnung der Einkommensteuerverkürzung die – auch zeitlich – zutreffende Steuertabelle anwenden muss, kommt es bei der Berechnung der Tabaksteuerverkürzung darauf an, die zur Tatzeit geltenden Beträge heranzuziehen, also für die Taten nach der Änderung durch das 5. VerbrStÄndG die alsdann zeitlich gestaffelten, im einzelnen wie in § 2 Abs. Buchst. a ff. TabStG vorgesehen.

---

249 BGH v. 21. 1. 2019, 1 StR 475/18, wistra 2019, 247.
250 Vgl. Bundesanzeiger v. 16. 1. 2018, Bekanntmachung v. 8. 1. 2018.

Die aktuellen Berechnungsgrundlagen sind der **Homepage „Zoll"** unter der Rubrik „Steuertarif" zu entnehmen.

c) Einfuhrumsatzsteuer

Umsatzsteuerbar sind nach § 1 UStG Lieferungen und Leistungen im Inland, innergemeinschaftlicher Erwerb und schließlich die Einfuhr. Die Einfuhrumsatzsteuer ist die Umsatzsteuer, die im Inland bei Einfuhr von Gegenständen entsteht. Bemessungsgrundlage für die innerstaatlichen und innergemeinschaftlichen Lieferungen ist das vom Empfänger aufgewandte Entgelt (§ 10 Abs. 1 UStG). Bemessungsgrundlage für die Einfuhrumsatzsteuer ist nach § 11 Abs. 1 UStG der Wert des eingeführten Gegenstands, der sich nach den Vorschriften über den Zollwert ermittelt und dem nach § 11 Abs. 3 UStG die Einfuhrabgaben hinzuzurechnen sind. Im Ergebnis bemisst sich die Einfuhrumsatzsteuer nach dem Zollwert der zu versteuernden Zigaretten zuzüglich Zoll zuzüglich Tabaksteuer. Der Steuersatz entspricht dem der innerstaatlich entstehenden Umsatzsteuer, also derzeit 19 %.

Im Beispielsfall: 3,4 Cent (Zollwert) zuzüglich 1,958 Cent (Zollbetrag) zuzüglich 13,695 (Tabaksteuer), insgesamt also 19 % von 19,053, mithin 3,620 Cent pro Zigarette.

Zusammen betragen die hinterzogenen Einfuhrabgaben:

Zoll: 1,958 Cent; Tabaksteuer:13,695 Cent; Einfuhrumsatzsteuer: 3,620 Cent, zusammen also 19,273 Cent pro Stück Zigarette.

Mit einer derartigen Feststellung der Nominalsteuer lassen es Rechtsprechung und h. M. bewenden. Nach der hier vertretenen Ansicht muss jedoch nunmehr der Zinsschaden berechnet werden, der sich aus der Relation zwischen tatsächlichem und dem bei rechtzeitigen bzw. richtigen Angaben möglichen Festsetzungszeitpunkt ergibt. Darin unterscheiden sich die Verbrauchsteuern nicht von den Besitz- und Verkehrsteuern.

Für die Berechnung ausländischer Steuern ist das ausländische Recht heranzuziehen, was durch das deutsche Tatgericht meist ohne – die in diesem Zusammenhang zulässige – Einholung von Gutachten nicht zu bewerkstelligen sein wird.

X. Die Relation zwischen § 370 AO und § 373 AO

1. Einfache Steuerhinterziehung und Schmuggel

a) Die Grundzüge

Obwohl § 373 AO in der Überschrift den qualifizierten (gewerbsmäßigen, gewaltsamen, bandenmäßigen) „Schmuggel" erwähnt, kennt das Gesetz keinen Grundtatbestand des Schmuggels. Was landläufig als „Schmuggel" bezeichnet wird,[251] die Hinterziehung von Einfuhrabgaben, erfüllt keinen speziellen Straf-

---

251 Parsch/Sauer in Hüls/Reichling, § 373, Rn. 9; Ebner, Verfolgungsverjährung, 58, 354.

tatbestand, sondern wird von § 370 AO mit erfasst: Dieser unterscheidet nicht zwischen inländischen Steuern und Einfuhrabgaben.

§ 373 AO enthält die Qualifikation der einfachen Steuerhinterziehung des § 370 AO in der Form Verkürzung von Einfuhrabgaben, nicht aber von innerstaatlich oder durch Verbringung aus anderen Mitgliedstaaten entstehenden Steuern.[252] Der Tatbestand ist erfüllt, wenn Tabakwaren (unter der oben erwähnten Qualifikation) ohne Gestellung von einem Drittstaat in die EU bewegt werden. Die Verbringung von einem anderen Mitgliedstaat nach Deutschland lässt jedoch keine Einfuhrabgaben entstehen, sondern nur die Verbringungstabaksteuer.

§ 373 AO ist also nur dann einschlägig, wenn die Ware von außerhalb der EU direkt nach Deutschland transportiert werden. Verkürzt sind dann die Einfuhrabgaben Zoll, Einfuhrumsatzsteuer, Einfuhrtabaksteuer (nicht aber etwa zusätzlich innerstaatliche Tabaksteuer). Werden die Waren dagegen vom Drittstaat aus zunächst in einen anderen Mitgliedstaat und von da aus nach Deutschland bewegt, sind die Einfuhrabgaben mit Überschreiten der EU-Außengrenze und mit dem Passieren der deutschen Grenze die Verbringungstabaksteuer verkürzt. Zwischen beiden Verkürzungshandlungen besteht Tatmehrheit.[253]

b) Ungleichheit?

Der gewerbsmäßige Hinterzieher von Einfuhrabgaben wird nach § 373 Abs. 1 AO, wer dagegen gewerbsmäßig innerstaatliche oder Verbringungssteuer hinterzieht, nur nach § 370 Abs. 1 AO bestraft. Daraus ergibt sich die Ungereimtheit: wenn zwei (im Prinzip) dasselbe tun, drohen ihnen doch unterschiedliche Strafen, so in dem Beispiel von Bender: A schmuggelt gewerbsmäßig Zigaretten von der Schweiz nach Deutschland; andererseits: Der in einer Zigarettenfabrik arbeitende B, entwendet dort gewerbsmäßig Zigaretten und „schmuggelt" sie hinaus.[254] B begeht durch Verkürzung der innerstaatlichen Tabaksteuer nur einfache Steuerhinterziehung und kann durch Selbstanzeige Straffreiheit erlangen, A erfüllt dagegen durch Hinterziehung von Zoll, Einfuhrumsatzsteuer und Einfuhrtabaksteuer den Tatbestand des qualifizierten Schmuggels, für den § 371 AO nicht gilt. *Möller/Retemeyer* meinen, aus dieser Ungleichbehandlung ergäben sich für die Rechtsanwendung keine Konsequenzen. Nach meiner Ansicht verstoßen die ungleiche Strafdrohung und der Ausschluss der Selbstanzeigemöglichkeit gegen den Gleichheitsgrundsatz, da es keinen vernünftigen Grund für die Differenzierung gibt. Durch die Einführung der besonders schweren Fälle des § 370 Abs. 3 AO verbunden mit der Milderungsmöglichkeit nach § 373 Abs. 1

---

[252] BGH v. 14.3.2007, 5 StR 461/06, wistra 2007, 262 = NStZ 2007, 592; BGH v. 18.1.2011, 1 StR 561/10, PStR 2011, 84 = wistra 2011, 191 (Kaffeesteuer), Bespr. Möller/Retemeyer ZfZ 2013, 313 ff. (318 f.), und Füllsack/Bach/Bürger, BB 2012, 1442 ff.
[253] Allgayer/Sackreuther, PStR 2009, 44 ff. (47).
[254] Beispiel von Möller/Retemeyer, 21. Lfg, A 26 f. (übernommen aus den Vorauflagen unter der Bearbeitung von Bender); Hilgers-Klautzsch in Kohlmann, Lfg. Nov. 2014, § 373, Rn. 6 und 120, neigt offenbar dazu, die Wertungswidersprüche durch die Neufassung mit Wirkung v. 1.1.2008 als beseitigt anzusehen.

Satz 2 AO haben sich die Konsequenzen der Ungleichbehandlung gemildert, nicht aber hat sich deren Prinzip geändert. Das gilt auch nach Einführung des § 371 Abs. 2 Nr. 4 AO, wonach die Selbstanzeige für die besonders schweren Fälle des § 370 Abs. 3 Satz 2 Nr. 2 bis 5 AO ausgeschlossen ist, denn diese Tatbestände sind nicht identisch mit dem gewerbsmäßigen Schmuggel des § 373 Abs. 1 AO. Jemand kann gewerbsmäßig Einfuhrabgaben hinterziehen, ohne damit zwingend den Tatbestand eines besonders schweren Falles i. S. des § 370 Abs. 3 AO zu verwirklichen. Gesetzgeberisch besteht also Harmonisierungsbedarf. Solange dies nicht geschieht, empfiehlt sich der Analogieschluss[255] zugunsten des Täters, d. h. Bestrafung nach § 370 AO, einschließlich der Möglichkeit zur Selbstanzeige.

2. Besonders schwere Fälle der Steuerhinterziehung und Schmuggel

a) Heutiges Recht

§ 373 AO verdrängt als Qualifikationstatbestand den des § 370 (auch in der Form der besonders schweren Fälle).[256] Da das Strafmaß des § 370 Abs. 3 AO dem des § 373 AO entspricht, ist es unproblematisch, bei Hinterziehung von Einfuhrabgaben in einem besonders schweren Fall die Strafe dem § 373 AO zu entnehmen: Also keine Tateinheit mit § 370 AO.

b) Vor dem 1. 8. 2008

Für vor dem 1. 8. 2008 begangene Taten, die durch Hinterziehung von Eingangsabgaben zugleich die Voraussetzungen des besonders schweren Falles i. S. des § 370 Abs. 3 AO erfüllen, hat die Rechtsprechung den Strafrahmen dem § 370 Abs. 3 AO entnommen.[257] Die Argumentation, es sei sinnwidrig, den (damals gegenüber dem des § 373 AO höheren) Strafrahmen des § 370 Abs. 3 AO nur deshalb nicht anzuwenden, weil zum Grundtatbestand noch ein Merkmal hinzukommt, das die Tat als Schmuggel qualifiziert, korrigiert zwar wieder einmal eine gesetzgeberische Fehlleistung, widerspricht aber Art. 103 Abs. 2 GG. Wenn der Qualifikationstatbestand den Grundtatbestand verdrängt, kann nicht zum Nachteil des Beschuldigten aus Praktikabilitätsgründen auf den verdrängten Tatbestand zurückgegriffen werden, nur weil bei der Gesetzgebung übersehen wurde, dass es neben § 373 AO auch noch den § 370 AO gibt. Steuerstrafrecht ist eben nicht Steuerrecht, sondern Strafrecht: Der § 1 StAnpG a. F., wonach bei der Auslegung von Steuergesetzen u. a. die Volksanschauung, die wirtschaftliche Bedeutung und die Entwicklung der Verhältnisse zu berücksichtigen waren, ist selbst für das Steuerrecht aufgehoben, und die §§ 40 bis 42 AO, in denen immerhin ein gewisses Substrat fortlebt, sind jedenfalls im Strafrecht zu Lasten des Täters nicht anwendbar. Insoweit richtet der Strafrichter nach dem, was das

---

255 Möller/Retemeyer, 21. Lfg., A 26 f., lehnen diesen ausdrücklich wegen des entgegenstehenden Gesetzeswortlauts ab.
256 BGH v. 2. 9. 2015, 1 StR 11/15, NStZ 2016. 47; v. 9. 11. 2017, 1 StR 204/17, NStZ-RR 2018, 50; Jäger in Joecks/Jäger/Randt, § 373, Rn. 5 und 101.
257 BGH v. 2. 9. 2015, 1 StR 11/15, NStZ 2016,47.

Gesetz sagt und nicht danach, was es sinnvollerweise hätte sagen sollen, oder was sich die Regierung dabei gedacht haben mag.

XI. Steuerhehlerei in Verbindung mit Tabaksteuerhinterziehung

Nach § 374 Abs. 1 AO macht sich u. a. strafbar, wer Waren, hinsichtlich deren Verbrauchsteuern oder Einfuhrabgaben hinterzogen sind, ankauft, sich (oder einem Dritten) verschafft oder sie in Bereicherungsabsicht absetzt oder absetzen hilft.[258] Folgte man der unter **C.V.4.b)** wiedergegebenen Entscheidung des BFH,[259] würde im Fall von Verbringen der Tatbestand des § 374 AO leer laufen, denn dann wäre derjenige, der bisher als Steuerhehler in Betracht kam, Empfänger und damit Hinterzieher. Die Zollverwaltung hat die Rechtsprechung des BFH bereits verinnerlicht, indem sie gegen den „Hehler" nicht mehr einen Haftungs- sondern einen Steuerbescheid zu erlassen pflegt. Haftungsbescheide wären unzulässig und auf Einspruch oder Klage aufzuheben, die Vollziehung auf Antrag auszusetzen[260]

Der **objektive Tatbestand** des § 374 AO setzt (in dem hier interessierenden Kontext) eine vorsätzlich, rechtswidrig, aber nicht schuldhaft begangene Vortat (Hinterziehung von Verbrauchsteuern) nach § 370 AO voraus. Also:

- die objektive Verkürzung durch eine der drei Verhaltensvarianten des § 370 Abs. 1 AO und
- den Vorsatz des Vortäters (der subjektive Tatbestand des Vortäters gehört also bereits zum objektiven Tatbestand des § 374 AO).

Der **subjektive Tatbestand** verlangt, wie das FG Hamburg zutreffend zusammenfasst,[261]

„dass der Täter weiß oder billigend in Kauf nimmt, dass hinsichtlich der Sache, die den Gegenstand seiner Handlung bildet, Abgaben oder Steuern hinterzogen worden sind, ohne dass er über Einzelheiten der Vortat, die Höhe der hinterzogenen Abgaben oder die Art der Tatausführung unterrichtet zu sein braucht und trotz Kenntnis von der Vortat den Willen hat, die Sache anzukaufen. Bedingter Vorsatz genügt. Steuerhehlerei liegt daher auch dann vor, wenn der Täter zwar nicht sicher weiß, ob die fragliche Sache z. B. geschmuggelt worden ist, wenn er aber damit rechnet und die Tat auch für den Fall will, dass seine Vermutung zutrifft ..."

---

258 Zu § 374 AO näher Ebner, Verfolgungsverjährung, 55 ff. (Zu den Änderungen S. 57).
259 BFH v. 11. 11. 2014, VII R 44/11, BFHE 248, 271.
260 Vgl. FG Leipzig v. 21. 5. 2014, 7 V 1866/13, nicht veröff.; anders FG Hamburg v. 18. 11. 2016, 4 V 142/16, ZfZ Beilage 2017, Nr. 7, 44 ff., bestätigt durch FG Hamburg v. 7. 6. 2017, 4 V 251/16, juris; für den umgekehrten Fall: ein Steuerbescheid kann nicht in einen Haftungsbescheid „umgedeutet" werden, FG Hamburg v. 15. 7. 2015, 4 K 43/15, juris; die Entscheidung erging vor der BFH-Entscheidung v. 11. 11. 2014, VII R 44/11, die jeden Besitzer als Steuerschuldner ansieht.
261 FG Hamburg v. 3. 5. 2018, 4 V 271/17, juris.

Für das FG ging es um eine strafrechtliche Vorfrage. Die Zollverwaltung hatte nach §§ 71, 374 AO einen Haftungsbescheid über Tabaksteuer erlassen, und der Betroffene hatte mit dem Antrag auf Aussetzung der Vollziehung nach § 69 Abs. 3 FGO Erfolg. Die Verwaltung ist offenbar dem Irrtum aufgesessen, dass fahrlässige Unkenntnis für § 374 AO genüge. Möglicherweise ist sie hierzu durch frühere Fassungen des allgemeinen Hehlereitatbestands, **§ 259 StGB**, noch aus dem **RStGB stammend**, verleitet worden. Es hieß dort:

„Wer ... Sachen, von denen er weiß oder *den Umständen nach annehmen muss*, dass sie mittels einer strafbaren Handlung erlangt sind ..."

Aber schon damals war die Formulierung nicht mehr als eine Beweisregel, keineswegs war damit fahrlässige Hehlerei strafbar. Daher das FG:

„Ob der Betroffene den Umständen nach hätte wissen müssen, dass es sich um z.B. Schmuggelgut handelte, ist für § 374 AO unerheblich, wenn er dies tatsächlich nicht erkannt hat."

1. Tatobjekte

Taugliche Tatobjekte sind Waren, hinsichtlich deren deutsche Tabaksteuer, gleich ob innerstaatlich, durch Verbringung aus einem anderen Mitgliedstaat oder als Einfuhrabgabe entstanden, hinterzogen sind.

Die Hinterziehung innerstaatlich entstehender Tabaksteuer **anderer Mitgliedstaaten** war, solange § 374 Abs. 4 AO nur auf den Satz 1 des § 370 Abs. 6 AO verwies,[262] als Vortat für § 374 nicht geeignet, da insoweit nur Einfuhr- und Ausfuhrabgaben erfasst wurden. Seitdem sich § 374 Abs. 4 AO auf den gesamten Abs. 6 des § 370 AO bezieht, ist auch die Hinterziehung innerstaatlicher Verbrauchsteuern anderer Mitgliedstaaten geeignete Vortat für § 374 AO.[263] Würde die Ware also nicht eingeführt, sondern z.B. in Polen hergestellt mit der Folge, dass innerstaatliche Tabaksteuer (polnische Akzise) entsteht, wäre dies geeignete Vortat der Steuerhehlerei, freilich mit der Folge, dass die polnische Steuer ermittelt werden muss.

Wer beispielsweise aus der Ukraine unversteuerte Zigaretten nach Polen einführt, macht sich wegen Hinterziehung von **Zoll, Einfuhrumsatzsteuer und polnischer Einfuhrtabaksteuer** strafbar. Wer solche Waren ankauft, erfüllt § 374 AO, da Einfuhrabgaben hinterzogen sind. Wurde gleichermaßen deutsche Tabaksteuer (Verbringungsteuer aus dem freien Verkehr anderer Mitgliedstaaten nach § 23 TabStG) hinterzogen, indem die Waren von Polen nach Deutschland verbracht wurden, so wären an sich zur Bestimmung des Schuldumfangs der Steuerhehlerei neben Zoll und Einfuhrumsatzsteuer sowohl polnische als auch deutsche Tabaksteuer heranzuziehen. Der BGH geht jedoch davon aus, dass in der Gemeinschaft verbrauchsteuerpflichtige Waren grundsätzlich nicht

---

262 So war die Gesetzeslage zur Tatzeit im Fall BGH v. 9.6.2001, 1 StR 21/11, wistra 2011, 348 = StV 2012, 154.
263 Jäger in Joecks/Jäger/Randt, § 374, Rn. 10.

mit Verbrauchsteuern mehrerer Mitgliedstaaten belastet sein sollen, weshalb in derartigen Fällen nur Zoll und Einfuhrumsatzsteuer (also die EU-Eingangsabgaben) sowie die deutsche (Verbringungs)tabaksteuer zu berücksichtigen seien und im übrigen – wegen der polnischen Tabaksteuer – die Verfolgung nach §§ 154, 154a StPO beschränkt werden darf: eine Erleichterung für die Strafverfolgung, die so von der Pflicht zur Berechnung der ausländischen Tabaksteuer entlastet wird.[264]

Wer unter Hinterziehung **polnischer innerstaatlicher Tabaksteuer** hergestellte Waren in Polen ankauft, ist nach der oben erwähnten Änderung des § 374 Abs. 4 AO ebenfalls Steuerhehler. Der Hersteller wiederum erfüllt mit der Hinterziehung nach h. M. (nach der hier vertretenen Ansicht dagegen nicht, weil der deutsche Steuerhinterziehungstatbestand nicht das Verhalten gegenüber ausländischen Behörden erfasst) § 370 AO, wenn er gegenüber polnischen Finanzbehörden unrichtige Angaben macht oder richtige unterlässt, vorausgesetzt, das Verhalten gegenüber den polnischen Behörden verletzt Pflichten im Sinne des § 370 Abs. 1 AO und führt zu dem vom deutschen Steuerhinterziehungstatbestand vorausgesetzten Verkürzungserfolg. All dies muss das Tatgericht ermitteln, wobei ihm die Einholung eines Gutachtens zur Beweiserhebung über das ausländische Recht gestattet ist. Auch bei der Beurteilung der Steuerhehlerei müssen die Tatgerichte immer wieder auf den Unterschied zwischen **Einfuhr und Verbringung** aus anderen Mitgliedstaaten aufmerksam gemacht werden. Die verkürzte Steuer aus der Vortat muss richtig berechnet werden, denn sie ist für den Strafausspruch wichtig. Werden Waren über ein Drittland der Gemeinschaft nach Deutschland verbracht, ist dies keine Einfuhr, weshalb auch keine Einfuhrabgaben entstehen und folglich nicht hinterzogen werden können. Verkürzt wird vielmehr die Verbringungssteuer und – durch die Einfuhr in das Drittland – die Einfuhrtabaksteuer. Auch deren Verkürzung ist nach der Neufassung des § 374 Abs. 4 AO geeignete Vortat der Steuerhehlerei.[265]

2. Absatzhilfe

Der 1. Strafsenat sieht § 374 AO in der Form der Absatzhilfe nunmehr im Anschluss an die Rechtsprechung zu § 359 StGB als Erfolgsdelikt an.[266]

---

264 BGH v. 2.2.2010, 1 StR 635/09, wistra 210, 226 = NStZ 2010, 644 (Rn. 22). Zu diesem Problem vgl. unter C.VII.1.
265 BGH v. 27.1.2015, 1 StR 613/14, wistra 2015, 236 = NStZ 2015, 469 = ZWH 2015, 151, mit Anm. Bittmann; im konkreten Fall hatte das LG das Verfahren nach § 154a StPO beschränkt und die Hinterziehung der ausländischen Steuer (Einfuhrabgaben des Drittlands) ausgeschieden. Daraus schließt der BGH zu Unrecht, dass deren Hinterziehung damit auch als Vortat der Steuerhehlerei ausgeschieden sei. Das Tatgericht hätte jedoch die hinterzogene Einfuhrsteuer ermitteln – oder auch die Verfolgung entsprechend § 154a StPO beschränken müssen.
266 BGH v. 13.7.2016, 1 StR 108/16, wistra 2017, 199 (bloße Beteiligung an der Einlagerung bzw. an der Übergabe an Abnehmer genügt nicht für Vollendung). Voraussetzung ist ein Absatzerfolg; wird die Ware vorher gestohlen, kommt es nicht zur Vollendung. Das gilt für „Absetzen" und „Absatzhilfe". – BGH v. 24.4.2019, 1 StR 81/18, juris: „Das Merkmal der Absatzhilfe im Sinne des § 374 Abs. 1 Variante 4 AO

3. Abgrenzung zur Steuerhinterziehung

Wer den Besitz an den Tabakwaren erst nach Beendigung des Verbringens. erhält, ist nicht Steuerschuldner nach § 21 TabStG (bei Einfuhr) bzw. § 23 TabStG (bei Verbringung), sondern Steuerhehler.[267]

4. Versuchsbeginn

Der Eintritt in Kaufverhandlungen kann ein unmittelbares Ansetzen zur Steuerhehlerei in Gestalt des „Verschaffens" sein, allerdings nur dann, wenn sich die Übergabe sofort nach Einigung über den Kaufpreis anschließen kann und soll, d.h. die Kaufverhandlungen der Erlangung der Verfügungsgewalt unmittelbar vorgelagert sind. In der konkreten vom BGH entschiedenen Fallvariante scheiterten die Verhandlungen mit dem Lieferanten daran, dass der Angeklagte keinen Abnehmer nennen konnte, an den direkt geliefert werden sollte. Der Lieferant nahm vielmehr unmittelbar mit dem Abnehmer Kontakt auf und lieferte an diesen unter Umgehung des Angeklagten direkt.[268] Folgerichtig nimmt der BGH bei der Entscheidung der anderen Fallvariante ein unmittelbares Ansetzen an, wenn die (direkte) Lieferung an einen Drittempfänger vereinbart, aber die geplante anschließende – wenn auch über eine lange Distanz vorzunehmende – Übergabe daran scheitert, dass die Ware auf dem Weg zum Empfänger gestohlen oder beschlagnahmt wird.[269]

5. Konkurrenzen: Steuerhinterziehung nach begangener Steuerhehlerei?

a) Zeitlich gestaffelte Tatbestandsverwirklichung

Der Täter übernimmt aus einem Drittland unter Verstoß gegen Gestellungspflichten in einen Mitgliedstaat der EU (hier: Polen) eingeführte und dort „zur Ruhe gekommene" Tabakwaren und verbringt sie gewerblich – ohne sie zu erklären – nach Deutschland.[270] Beide Taten betreffen unterschiedliche Tatobjekte: einerseits polnische und EU-Einfuhrabgaben, andererseits deutsche Ver-

---

erfasst nur solche Handlungen, mit denen sich der Täter an den Absatzbemühungen des Vortäters der Steuerhinterziehung (§ 370 Abs. 1 AO) oder eines Zwischenhehlers in dessen Interesse und auf dessen Weisung unselbständig beteiligt ... Helfer muss dabei „im Lager" des Vortäters oder des Zwischenhehlers stehen ... und diesen unmittelbar beim Absetzen unterstützen, wobei ein einvernehmliches Handeln von Absatzhelfer und Vortäter erforderlich ist ... Wird dagegen nicht der Vortäter, sondern ein Absatzhelfer unterstützt, liegt lediglich eine Beihilfe zu dessen Tat vor ...".

267 BGH v. 2.2.2010, 1 StR 635/09, wistra 2010, 226 = NStZ 2010, 644, mit Bespr. Rolletschke PStR 2010, 112.
268 BGH v. 7.11.2007, 5 StR 371/07, wistra 2008, 105 (106).
269 BGH v. 7.11.2007, 5 StR 371/07, Rn. 14; a. A. Joachim Kretschmer, NStZ 2008, 379 ff.
270 BGH v. 28.8.2008, 1 StR 443/08, wistra 2008, 470 = NStZ 2009, 159, mit Bespr. Allgayer/Sackreuther PStR 2009, 44; BGH v. 20.1.2016, 1 StR 530/15, juris; zur Konkurrenzfrage vgl. Jäger, FS Amelung, 2009, 465 ff.; die zitierten BGH-Entscheidungen nehmen sowohl Steuerhinterziehung als auch Steuerhehlerei an und beurteilen das Zusammentreffen beider Tatbestände lediglich unter dem Blickwinkel der Konkurrenz, anders nunmehr BGH v. 23.5.2019, 1 StR 127/19, juris.

Die Tabaksteuer als harmonisierte Verbrauchsteuer

bringungstabsteuer **Einerseits** ist § 374 AO in der Form des „Sich-Verschaffens" von Waren, hinsichtlich deren EU-Einfuhrabgaben (Zoll) und polnische Einfuhrabgaben (Einfuhrumsatzsteuer und Einfuhrtabaksteuer) hinterzogen sind, in Polen verwirklicht.

Andererseits war der Täter nach § 23 Abs. 1 Satz 3 TabStG an sich verpflichtet, die durch das Verbringen nach Deutschland entstehende Verbringungstabakteuer zu erklären. Die Pflicht zur Abgabe einer wahrheitsgemäßen Steuererklärung war aber unter dem Gesichtspunkt suspendiert, dass niemand verpflichtet ist, sich selbst anzuklagen oder sonst zur eigenen Überführung beizutragen. Aus dem nemo-tenetur-Grundsatz resultiert eine Befreiung von der strafbewehrten Erklärungspflicht. Hätte der Täter die unversteuerten und unverzollten Tabakwaren gegenüber Zollbehörde erklärt, hätte er damit zugleich die Steuerhehlerei durch den Ankauf oder das Sich-Verschaffen der Tabakwaren offenbart. Dies führt zur Unzumutbarkeit, überhaupt Angaben zu machen, da der Vorgang der Steuerhehlerei den Behörden noch nicht bekannt war und die Offenbarung die Einleitung eines Ermittlungsverfahrens nach sich gezogen hätte. Der Täter kann auch nicht durch Selbstanzeige Straffreiheit erlangen, da diese für § 374 AO nicht besteht.[271]

Die Ausführungen gelten auch für die nach Steuerhehlerei begangene Beteiligung an einer Steuerhinterziehung.[272]

b) Gleichzeitige Tatbestandsverwirklichung

Leistet der Verbringer Absatzhilfe durch das Überführen der Ware nach Deutschland, erfüllt er durch eine Handlung § 374 AO und § 370 Abs. 1 Nr. 2 AO. Auch in diesem Fall stehen nach der früheren Rechtsprechung des BGH beide im Verhältnis der Tatmehrheit zueinander, da sie verschiedene Handlungsobjekte betreffen und das Verhalten (einerseits Begehung bei § 374 AO, andererseits Unterlassung bei § 370 Abs. 1 Nr. 2 AO) nicht identisch ist, so dass – sofern der Tatbestand des Unterlassungsdelikts bejaht wird – auch in diesem Fall Tatmehrheit angenommen wurde.[273]

---

271 Vgl. BGH v. 23.5.2019, 1 StR 127/19, juris.
272 BGH v. 23.5.2019, 1 StR 127/19, juris.
273 Fraglich war allerdings schon damals, ob nicht der Nemo-tenetur-Grundsatz erfordert, die Handlungspflicht in derartigen Fällen (sowohl bei der Vortat des „Verschaffens" als auch der „Absatzhilfe") zu verneinen, denn durch die Vortat erfüllt der Verbringer vor dem bzw. gleichzeitig mit dem Verbringen den Tatbestand des § 374 AO, und die Erklärung nach § 23 Abs. 1 Satz 3 TabStG würde dies u. U. offenlegen. Nach BGH v. 26.4.2001, 5 StR 587/00, BGHSt 47, 8 = wistra 2001, 341 (345) scheitert die vom BGH so bezeichnete Suspendierung der Erklärungspflicht schon an der fehlenden Gleichartigkeit der Tatobjekte (hier polnische und EU-Einfuhrabgaben, dort deutsche Verbringungssteuer) und damit an der „Verwirklichung neuen Unrechts"; dazu vgl. Allgayer/Sackreuther PStR 2009, 44 (46). Anders nunmehr BGH v. 23.5.2019, 1 StR 127/19, juris; die gegenteilige Rspr., so insbesondere BGH v. 9.6.2011, 1 StR 21/11, ist aufgegeben.

Beides ist heute überholt, da der BGH zu Recht § 370 AO nach begangener Steuerhehlerei verneint.

Tatmehrheit der Beihilfehandlungen ist anzunehmen, wenn durch mehrere Beihilfehandlungen mehrere Haupttaten unterstützt werden.[274]

XII. Zusammenfassende Darstellung der Entstehungstatbestände

1. Innerstaatliche Entstehung

Mit der Entnahme aus (oder dem Verbrauch in) dem Steuerlager entsteht die Tabaksteuer regelgerecht, § 15 Abs. 1, Abs. 2 Nr. 1 TabStG, und ist durch Steuerzeichen zu entrichten.

Andere Fälle innerstaatlicher Entstehung sind regelwidrig und lösen eine Erklärungspflicht aus.

2. Innergemeinschaftliches Verbringen

Es entsteht Tabaksteuer als Verbringungsteuer, Schuldner sind Lieferer, Besitzer und Empfänger (§ 23 Abs. 1 TabStG), diese sind nach § 23 Abs. 1 Satz 3 TabStG erklärungspflichtig. Andere Personen, z. B. der Empfänger nach Abschluss des Verbringungsverfahrens, d. h. wenn die Ware „zur Ruhe gekommen ist", kommen als Steuerhehler nach § 374 AO in Betracht.

3. Einfuhr aus Drittstaaten

a) Unter Gestellung

Ist die Steuer durch Steuerzeichen entrichtet, ist die Rechtslage wie bei der Verbringung, d. h. der Verwender hat die Steuerzeichen zur Vermeidung der Einfuhrtabaksteuer verwendet.

b) Ohne Gestellung

Bei Einfuhr aus einem Drittland in ein Land der EU entstehen Zoll nach Art. 79 UZK (Art. 202 Abs. 1 Buchst. a ZK), die nationale Tabaksteuer als Einfuhrabgabe und die (Einfuhr)umsatzsteuer des Einfuhrstaats.

Werden Tabakwaren aus dem Drittland direkt nach Deutschland eingeführt, entstehen Zoll nach Art. 78 UZK (Art. 202 Abs. 1 Buchst. a ZK), deutsche Einfuhrtabaksteuer (§ 21 TabStG) und die Einfuhrumsatzsteuer (§ 21 UStG).

---

274 BGH v. 9.5.2019, 1 StR 19/19, wistra 2019, 377.

D) Besonderheiten der Selbstanzeige
I. Erweiterung der Selbstanzeigemöglichkeit infolge der BFH-Rechtsprechung bezüglich des Empfängers?

Wird die BFH-Rechtsprechung zum Empfängerbegriff auf das Strafrecht übertragen, ist der Empfänger Hinterzieher und nicht Steuerhehler und hätte folglich die Möglichkeit der Selbstanzeige, die für den Steuerhehler nicht eröffnet ist.

II. Ausdehnung der Nachzahlungspflicht infolge der Erweiterung der Steuerschuldnerschaft?

Ein Problem, auf das *Tully/Bruns* hinweisen, ergibt sich aus der Erweiterung der Steuerschuldnerschaft auf die Tatbeteiligten.[275] So werden nach § 15 Abs. 4 TabStG allein durch ihre Tatbeteiligung Personen zu Steuerschuldnern, die aus der Tat selbst keine oder nur geringe wirtschaftliche Vorteile ziehen, wie etwa der LKW-Fahrer, der der Tabaksteuer unterliegende Waren aus dem Steuerlager abtransportiert. Für diesen Personenkreis käme eine Selbstanzeige nicht in Betracht, wenn deren Wirksamkeit von der Nachentrichtung der hinterzogenen Verbrauchsteuern abhinge. Mit *Tully/Bruns* wird man indessen sagen müssen, dass die Steuern nicht „zugunsten" dieser Täter hinterzogen wurde, da sie erst durch die Tatbeteiligung zu Steuerschuldnern wurden. Außerdem sprechen fiskalische Gründe dafür, die Selbstanzeige durch Dritte – hier die Tatbeteiligten – nicht an deren wirtschaftlichem Unvermögen zur Nachzahlung scheitern zu lassen.

---

275 Tully/Bruns, ZfZ 2010, 294 ff. (297).

E) Ausblick

Schmuggel und Steuerhinterziehung zu unterbinden, ist so aussichtsreich wie der Versuch, die Naturerscheinung der kommunizierenden Röhren außer Kraft zu setzen. Das Kapital strebt stets nach dem Ort seiner günstigsten Vermehrung. Niedrige Steuersätze ziehen es an, höhere stoßen es ab. Durch Herstellung gleicher „Druckverhältnisse" könnte die Europäische Gemeinschaft diesem Naturgesetz zumindest partiell die Grundlage entziehen. Angeglichene Steuersätze in den Mitgliedstaaten würden der unerwünschten Warentransaktion von einem Mitgliedstaat zum andern den Anreiz nehmen, komplizierte nationale „Schutzsteuern" damit entbehrlich machen, dem Hinterziehungstatbestand einen Verkürzungsgegenstand nehmen und Schriften wie diese überflüssig machen.